U0101561

第八章 九变篇

孙子曰：凡用兵之法，将受命于君，合军聚众。圮地无舍，衢地交合，绝地无留，围地则谋，死地则战。途有所不由，军有所不击，城有所不攻，地有所不争，君命有所不受。

注释

圮地无舍：「圮地」，汉简本作「泛地」，《御览》卷二七二所引作「泛地」。圮：毁坏，坍塌。曹操注曰：「水毁曰圮。」李筌注曰：「地下曰圮。」陈皞注曰：「圮，低下也。」另，《书·咸有一德》：「祖乙圮于耿。」孔传：「河水所毁曰圮。」汉张衡《思玄赋》：「流夫眺夫衡阿兮，覩有黎之圮坟。」宋苏辙《襄阳古乐府·野鹰来》：「嵯峨呼鹰台，人去台已圮。」《宋史·五行志一上》：「嘉泰二年七月丙午，上杭县水，圮田卢，坏稼，民多溺死。」清刘献廷《广阳杂记》卷三：「乙丑八月初六夜二更，浙抚大堂内火光如斗，自梁滚下……而梁折堂圮。」圮地：指难于通行的地方。舍：止，此处指宿营。此句意为，难以通行之地不可扎营。曹操曰：「无所依也。」孟氏曰：「太下则为敌所囚。」杜佑曰：「择地顿兵，当趋利而避害也。」梅尧臣曰：「山林、险阻、沮泽之地，不可舍止，无所依也。」何氏曰：「下篇言圮地，则吾将进其涂，谓必固之地，宜速去之也。」张预曰：「山林、险阻、沮泽，凡难行之道，为圮地。以其无所依，故不可舍止。」

衢地交合：武经本「交合」作「合交」，《九地篇》亦有「衢地则合交」语。衢：四通八达的道路。《说文》：「四达谓之衢。」《左传·昭公二年》：「尸诸周氏之衢，加木焉。」柳宗元《国子司业阳城遗爱碣》：「青衿涕濡，填街盈衢。」

衢地：道路四通八达的地方，这里指各国相毗邻的要冲。交合：结交，交好，这里指结交诸侯。贾林注：「结诸侯以为援。」

何延锡注：「言交结诸侯，使牢固也。」清刘大櫆《吴荪圃先生七十寿序》：「承昔复与予弟药邨为同门，而两人交合无所间。」此句意为，在各国相毗邻的交通要冲，要与旁边的诸侯国搞好关系，以相互援助。曹操曰：「结诸侯也。衢地，四通之地。」李筌曰：「四通曰衢，结诸侯之交地也。」梅尧臣曰：「夫四通之地，与旁国相通，当结其交也。」张预曰：「四通之地，旁有邻国，先往结之，以为交援。」

绝地无留：绝：缺乏，贫困。《礼记·月令》：「（季春之月）命有司，发仓廪，赐贫穷，振乏绝。」《战国策·秦策一》：「（苏秦）黑貂之裘弊，黄金百斤尽，资用乏绝，去秦而归。」绝地：指极险恶而无出路，难以生存的地方。《三国演义》第二五回：「吾今虽处绝地，视死如归。」薛福成《庸盦笔记·史料一·李傅相入曾文正公幕府》：「傅相谓祁门地形，如在釜底，殆兵家之所谓绝地，不如及早移军。」留：停留。《诗·大雅·常武》：「不留不处，三事就绪。」《史记·越王句践世家》：「可疾去矣，慎毋留。」宋王应麟《困学纪闻·书》：「君子之去留，国之存亡系焉。故《夏书》终于《汝鸠》、《汝方》，《商书》终于《微子》。」此句意为，在险恶而无法生存的地方不可长久逗留。曹操曰：「无久止也。」李筌曰：「地无泉井畜牧采樵之处为绝地，不可留也。」贾林曰：「溪谷坎险，前无通路曰绝，当速去无留。」张预曰：「去国越境而师者，绝地也。危绝之地，过于重地，故不可淹留久止也。」

围地则谋：指出入通道狭窄，易被敌人围攻之地。后文《九地篇》说：「所由入者隘，所从归者迂，彼寡可以击吾之众者，为「围地」。」杜牧注：「出入艰难，易设奇伏覆胜也。」杜佑注：「所从入阨险，归道远也，持久则粮乏。故敌可以少击吾众者，为围地也。」此句意为，在易被敌人围攻之地，应设奇计取胜。曹操曰：「发奇谋也。」贾林曰：「居四险之中曰围地。敌可往来，我难出入，居此地者，可预设奇谋，使敌不为我患，乃可济也。」

孙子曰：凡用兵之法，将受命于君，合军聚众，圮地无舍，衢地交合，绝地无留，围地则谋，死地则战。途有所不由，军有所不击，城有所不攻，地有所不争，君命有所不受。

第八章 九变篇

死地则战：死地，绝境，进退不便，容易被包围的地方。《九地篇》云：『疾战则存，不疾战则亡者，为死地。』又云：『无所往者，死地也。』《宋史·陈俊卿传》：『今削都督重权，置扬州死地，如有奏请，台谏沮之，人情解体，尚何后効之图？』此句意为，当军队几近绝境的时候，就要拼死力战。曹操曰：『殊死战也。』李筌曰：『置兵于必死之地，人自为私斗，韩信破赵，此是也。』

途有所不由：《通典》卷一五九所引『途』作『涂』。途：道路。《管子·中匡》：『鲍叔、隰朋趋而出，及管仲于途。』汉司马相如《上林赋》：『道尽途殚，回车而还。』由：经由，经过。《论语·雍也》：『谁能出不由户者，何莫由斯道也。』《水经注·庐江水》：『吴郡太守张公直，自守征还，道由庐山。』苏洵《权书上·攻守》：『邓艾攻蜀，自阴平由景谷，攀木缘磴，鱼贯而进。』此句意为，有些道路不要通过。孙子佚文《四变》释文：『徐（途）之所不由者，曰：浅入则前事不信，深入则后利不接。动则不利，立则囚。如此者，弗由也。』曹操曰：『隘难之地，所不当从，不得已从之，故为变。』李筌曰：『道有险狭，惧其邀伏，不可由也。』梅尧臣曰：『避其险阨也。』

军有所不击：有些敌军不可攻击。孙子佚文《四变》释文：『军之所不击者，曰：两军交合而舍，计吾力足以破其军，獾其将。远计之，有奇势巧权于它，而军……如此者，军唯（虽）可击，弗击也。』曹操曰：『军虽可击，以地险难久留之，失前利，若得之则利薄，困穷之兵，必死战也。』张预曰：『纵之而无所损，克之而无所利，则不须击也。又若我弱彼强，我曲彼直，亦不可击。』

城有所不攻：有些城池不应当攻取。孙子佚文《四变》释文云：『城之所不攻者，曰计吾力足以拔之，拔之而不及利于前，得之而后弗能守。若力□之，城必不取。及于前，利得而城自降，利不得而不为害于后。若此者，城唯（虽）可攻，弗攻也。』

孙子兵法精注精译精评

曹操曰：『城小而固，粮饶，不可攻也。操所以置华费而深入徐州，得十四县也。』张预曰：『拔之而不能守，委之而不为患，则不须攻也。又若深沟高垒，卒不能下，亦不可攻。』

地有所不争：有些地区不可以争夺。孙子佚文《四变》释文：『地之所不争者，曰：山谷水□无能生者，□□□而□□……虚。如此者，弗争也。』曹操曰：『小利之地，方争得而失之，则不争也。』梅尧臣曰：『得之无益者。』

君命有所不受：君主的命令有些也不必接受。《通典》卷一五一所引前有『将在军』三字。孙子佚文《四变》释文：『君令有所不行者，君令有反此四变者，则弗行也。』曹操曰：『苟便于事，不拘于君命也。』贾林曰：『决必胜之机，不可推于君命，苟利社稷，专之可也。』

译文

孙子说：用兵的一般原则是，将领从国君那里接受命令，征调人马，组织军队。在难以通行之地不要驻扎，在各国相毗邻的交通要冲要与旁边的诸侯国结交，在险恶而无法生存的地方不可长久逗留，在易被敌人围攻之地应设奇计取胜，陷入死地则要坚决作战以求生。有些道路不要走，有些敌军不要攻击，有些城池不要攻打，有些地域不要争夺，有些国君的命令可以不必接受。

评点

孙子认为，战争是一件非常谨慎的事情，合于利而动，不合则止，所谓的利，就是国家最终的、长远的利益。

在战略行动中，这一原则也是非常重要的，必须以行动的最终目标为依据，不要贪图一时的小利而使大利受损失。如果能够有利于获得大利也不要计较小利的损失，所有的军事行动都要以对己有利为原则，要想方设法保全自己的实力和争胜的能力。正是在此意义上，所以孙子说『圮地无舍，衢地交合，绝地无留，围地则谋，死地则战。途有所不由，军有所不击，城有所不攻，地有所不争，君命有所不受』。

汉元帝时，朱崖、儋耳二郡的少数民族屡屡造反，汉元帝打算出兵问罪讨伐。贾捐之听说后，上书请求朝廷不要出兵。他说：『臣闻尧舜禹三圣之德，地方不过数千里，西被流沙，东渐于海，朔南暨声教，欲与声教则治之，不欲与者不强治也。是以颂声并作，视听之类咸乐其生。秦氏兴兵远攻，贪外虚内，务欲广地，而天下溃畔。赖圣汉为百姓请命，平定天下。至孝武皇帝，以国富人逸，攘却匈奴，西连诸国，至于安息，东过碣石，造盐铁酒榷之利以佐用度，犹不能足。当此之时，寇盗并起，征伐不休之故也。今陛下不忍悁悁之忿，欲驱士众，挤之大海之中，快心幽冥之地，非所以保全元元也。诗云：「蠢尔蛮荆，大邦为雠。」自古而患之久矣，何况乃复其南方万里之蛮乎！臣窃以往者羌军言之，暴师曾未一年，兵出不踰千里，费四十余万万，大司农钱尽，乃以少府禁钱续之。夫一隅为不善，费尚如此，况于劳师远攻，亡士无功乎！臣愚以为非冠带之国，禹贡所及，皆可且无以为。』汉元帝听从了他的建议，没有出兵，而是把这几个郡撤销了。

东汉光武帝建武年间，北匈奴衰弱，臧宫、马武等上书请求趁机出兵讨伐，并建议说：『请临塞，厚悬购赏，喻告高句丽、乌桓、鲜卑攻其左，发河西四郡及天水、陇西羌胡击其右，如此，北虏之灭，不过数年矣。』光武帝刘秀却不这样认为，他说：『舍近谋远者，劳而无功；舍远谋近者，逸而有终。故曰务广地者荒，务广德者强。有其有者安，贪人有者残。残灭之政，虽成必败。今国无善政，灾变不息，百姓惊惶，人不自保，而复远事边外乎？孔子曰：「吾恐季孙之忧，不在颛臾。」』从此诸将再没有提在边境上发动战争的事。

历史上也不乏违反『军有所不击』、『途有所不由』、『绝地无留』等原则而失败的例子，秦晋崤之战就是其中之一。《史记·秦本纪》中记载说：

郑人有卖郑于秦曰：『我主其城门，郑可袭也。』缪公问蹇叔、百里傒，对曰：『径数国千里而袭人，稀有得利者。且人卖郑，

庸知我国人不有以我情告郑者乎？不可。』缪公曰：『子不知也，吾已决矣。』遂发兵，使百里奚子孟明视，蹇叔子西乞术及白乙丙将兵。行日，百里奚、蹇叔二人哭之。缪公闻，怒曰：『孤发兵而子沮哭吾军，何也？』二老曰：『臣非敢沮君军。军行，臣子与往；臣老，迟还恐不相见，故哭耳。』二老退，谓其子曰：『汝军即败，必于殽阨矣。』三十三年春，秦兵遂东，更晋地，过周北门。周王孙满曰：『秦师无礼，不败何待！』兵至滑，郑贩卖贾人弦高，持十二牛将卖之周，见秦兵，恐死虏，因献其牛，曰：『闻大国将诛郑，郑君谨修守御备，使臣以牛十二劳军士。』秦三将军相谓曰：『将袭郑，郑今已觉之，往无及已。』灭滑。滑，晋之边邑也。当是时，晋文公丧尚未葬。太子襄公怒曰：『秦侮我孤，因丧破我滑。』遂墨衰绖，发兵遮秦兵于殽，击之，大破秦军，无一人得脱者。虏秦三将以归。

周襄王二十四年（公元前628），秦穆公乘郑、晋国君新丧，有人又提出要做内应，于是欲出兵越晋境偷袭郑国。秦国的老臣蹇叔、百里奚等不同意出兵，他们认为：『穿过好几个国家千里迢迢去偷袭别人，很少有能占到什么便宜的。况且郑国有人出卖郑国，焉知我国就不会有人把我国的情况也告给郑国呢？』但秦穆公不听，还是执意袭郑，并派百里奚之子孟明视和蹇叔之子西乞术和白乙丙率兵。出兵的那天，百里奚、蹇叔二人哭着来送他们。秦穆公听见了，认为这样不吉利，非常生气，说：『我发兵的时候你们这样哭哭啼啼地沮丧我军，这是什么意思？』蹇叔和百里奚说：『我们决不敢沮丧您的军队。只是因为军队出发，我们的孩子将随军前往，我们年已老迈，恐怕就再也见不到他们了，所以才哭。』然后他们又提醒自己的孩子说：『你们的军队如果打败，必定是在殽山险隘之处。』

十二月，孟明视、西乞术、白乙丙率军从雍都（今陕西凤翔南）出发，穿越崤山隘道，偷越晋国南境，于次年二月抵达晋国的边邑滑（今河南偃师东南）。恰遇郑国商人弦高带了十二头牛赴周贩牛，弦高断定秦军必是袭郑，就献上他的牛说：『听

说大国将要征讨我郑国，郑君正恭谨地加强守备，派我用这十二头牛来犒赏士兵。』孟明视等见弦高犒师，以为郑已有备，便相互商量说：『原打算偷袭郑国，但郑国现已觉察，去也来不及了。』便灭了滑，准备回师。

这时候晋文公去世之后尚未埋葬。太子襄公听到消息后大怒说，『秦国竟然趁我举丧攻破我的滑邑。』于是穿上黑色丧服，并联络当地姜戎，发兵在殽山埋伏于隘道两侧堵截秦军，先轸率晋军为主力，击秦军前部；以姜戎断其退路。秦军径入崤山，晋军等秦军全部进入设伏地域，突然发起猛攻，秦军陷于隘道，惊恐大乱，进退不能，抵抗无力，全部被歼，孟明视、西乞术、白乙丙三位主将被俘。

故将通于九变之利者，知用兵矣；将不通于九变之利者，虽知地形，不能得地之利矣；治兵不知九变之术，虽知五利，不能得人之用矣。

注释

故将通于九变之利者：『九变之利』，传本或作『九变之地利』。通：懂得，通晓。《易·系辞上》：『曲成万物而不遗，通乎昼夜之道而知。』孔颖达疏：『言通晓于幽明之道，而无事不知也。』《史记·屈原贾生列传》：『贾生年少，顾通诸子百家之书。』韩愈《殿中侍御史李君墓志铭》：『年少长，喜学，学无所不通。』九变：历代注家对此理解不同。曹操曰：『变其正，得其所用有九也。』以『九』为实指，意为九种变化，然而文中所列：圮地、衢地、绝地、围地、死地、途、军、城、地、君命，共十种，非九之数。以至贾林、何氏与张预等皆意为『君命』在此『昭然不类』，故应『去而不数』，如此则『正合九之数』。然而，『昭然不类』的并非『君命』这一条，前后五事各不相类。此说有些牵强。赵本学又认为，『自上篇「高陵勿向」、「背丘勿逆」、「佯北勿从」、「锐卒勿攻」、「饵兵勿食」、「归师勿遏」、「围师必阙」、「穷寇勿迫」八句，以合于「绝地勿留」一句为九变。』意思是说上篇的这八句本应属于本篇，因错简入上篇，应移于本段之首，与本篇原有的『绝地勿留』一句，合为『九变』。同时，『圮地』、『衢地』、『围地』、『死地』四句乃《九地篇》错简入本篇。此说无所依据，文意也不好贯通，因此何守法《孙子音义》说：『用上篇八句并「绝地」一句固为九矣，恐难免移易割裂之弊』，所以『不敢附会佞从』。另查汉简本《孙子》原文，与传本一致，并无错简。因此拼凑『九』变没有根据。张预曰：『凡与人争利，必知九地之变，故次军争。』以『九』为『九地』，意为在『九地』上的不同权变。此说亦未妥。赵本学说：『九地在后，九变在先，见于前者或举其大略于后，安有见于后者而举其大略于先耶？』有理。另据本篇内容所言，亦不可理解为『九变』为『九地之变』。王皙曰：『九者，数之极。用兵之法，当极其变耳。』以『九』为『数之极』，非实指，而是『多』的意思。『九变』即无穷之机变，是说作战方式与策略原则的掌握，应当根据具体情况的不同而灵活机动运用。此说最善。『变』，改变，机变。曹操注曰：『变其正。』张预注曰：『变者，不拘常法，临时适变，从宜而行之谓也。』《周·系辞上》：『一阖一辟谓之变。』孔颖达正义曰：『一阖一辟谓之变者，开闭相循，阴阳递至，或阳变为阴，或开是更闭；或阴变为阳，或闭而还开，是谓之变也。』

知用兵矣：汉简本『知』作『智』，汉简本和《御览》卷二七二所引『知』上有『则』字。此句意为，将帅通晓各种机变的运用，就是懂得如何用兵。贾林曰：『遇势则变，因利则制，不拘常道，然后得其变通之利。』张预曰：『更变常道，而得其利者。知用兵之道矣。』

将不通于九变之利者，虽知地形，不能得地之利矣：武经本无『于』和『者』二字，樱田本『地之利』作『地利』。张预注：『凡地有形有变，知形而不晓变，岂能得地之利？』贾林注：『虽知地形，心无通变，岂惟不得其利？亦恐反受害也。将贵适变也。』

梅尧臣曰："知地利不知变，安得地之利。"

治兵不知九变之术：《御览》卷二七二所引作"治人不知五变"，曹操曰："九变，一云五变。"贾林则直说："五利、五变亦在九变之中"，并认为所谓"五变"即上文所说的"途"、"军"、"城"、"地"和"君"。樱田本"术"下有"者"字。术：方法，手段。《礼记·祭统》："惠术也，可以观政矣。"郑玄注："术犹法也。"《吕氏春秋·决胜》："夫兵贵不可胜。不可胜在己，可胜在彼。圣人必在己者，不必在彼者，故执不可胜之术，以遇不胜之敌，若此则兵无失矣。"司马光《〈投壶新格〉序》："求诸少选且不可得，是故圣人广为之术以求之，投壶与其一焉。"冯梦龙《智囊补·术智·王东亭》："王绪素谗殷荆州于王国宝，殷甚患之，求术于王东亭。"五利：即上文所说的"途"、"军"、"城"、"地"和"君令"。

不能得人之用矣：意思是不能把军队的战斗力充分发挥出来。梅尧臣曰："知利不知变，安得人而用。"张预曰："虽知五地之利，不通其变，如胶柱鼓瑟耳。"

译文 所以，将领能够懂得各种机变的灵活运用，就是懂得用兵；将帅不懂得各种机变的灵活运用，即使了解地形，也不能得到地形对他的益处；指挥部队而不知道各种变通的方法，就算知道"五利"，也不能把部队的战斗力充分发挥出来。

评点 兵法中讲究不拘泥于常规，要根据主客观的条件随机应变，纸上谈兵、死板僵化是不可能打胜仗的，只能被动挨打。没有常法，善于出奇才是兵法运用的最高境界。

南宋时期，李宝指挥的陈家岛战役就充分利用天气、距离等自然条件，随机应变，主动出击，创造了以三千水军全歼19万大军的经典战例。关于此战，《宋史》、《续资治通鉴》等史书中均有记载。《宋史》中说：

（李宝舰队）至胶西石臼岛，敌舟已出海口，泊唐岛，相距仅一山。时北风盛，宝祷于石臼神。俄有风自柁楼中来，如钟铎声，

众咸奋，引舟握刃待战。敌操舟者皆中原遗民，遥见宝船，给敌兵入舟中，使不知王师猝至。风驶舟疾，过山薄虏，鼓声震迭，海波腾跃。敌大惊，掣矴举帆，帆皆油缬，弥亘数里，风浪卷聚一隅，窘束无复行次。

宝亟命火箭环射，箭所中，烟焰旋起，延烧数百艘。火所不及者犹欲前拒，宝叱壮士跃登其舟，短兵击刺，殪之舟中。余所谓签军，尽中原旧民，皆登岛垠，脱甲归命，以故不杀。然仓卒，舟不获舣，溺死甚众。俘大汉军三千余人，斩其帅完颜郑家奴等六人，禽倪询等上于朝，获其统军符印与文书、器甲、粮斛以万计。余物众不能举者，悉焚之，火四昼夜不灭。

宝将乘势席卷，公佐切谏，以为金主亮方济淮，闻通、泰已陷，得远失近，且有腹背忧。乃还军驻东海，视缓急为表里援。遣曹洋轻舟报捷。上喜曰："朕独用李宝，果立功，为天下倡矣。"诏奖谕，书"忠勇李宝"四字，表其旗帜。除静海军节度使、沿海制置使，赐金器、玉带。

这场战役发生在绍兴三十一年（1161年），金兵占领了中国北部的大片地区，还不断挥兵南侵，完颜亮分兵数万围攻海州。这时，正锚泊东海（今江苏连云港市东南）的南宋李宝舰队得知这一消息，指挥军队登陆支持，大败金军。随后，李宝率领舰队继续北上。十月下旬，舰队驶抵石臼山（今山东日照附近），获得可靠情报，得知金舰队正停泊于唐岛（又名陈家岛，在今山东灵山卫附近），距离石臼山只有30多里。得知这一情报后，宋军手下意见不一。裨将曹洋请求出战，知朐山县高敞却认为敌众我寡，不能出战，应当趁金人尚未发觉宋军舰队的行动赶紧避开。曹洋据理力争，说："彼虽众，皆不谙海道。且降人云女真在船中惟匍匐而睡，略不能动，虽众何为？况我深入至此，前逆大敌，欲退，其可得乎？"他认为金兵不谙海道，以为两军距离尚远，未作临战准备；金军虽数倍于宋军，但上下离心，不习水战，兵士因晕船多在舱中昏睡。应当乘其不备，抢先发起进攻。李宝也认为应当趁"金人未觉"，趁机给予其狠狠地打击。于是，他决定采取先发制人，出其不意，通过突

袭的方法以弱小的舰队战胜强大的敌人。当天夜里，李宝就决定率领舰队迅速向唐岛进发。

十月二十七日清晨，风向转为南风，南宋军队乘风向前疾驶，士气高昂。金军不习惯海上风浪，都睡在船舱里，当李宝舰队迫近敌舰时，金人尚未发觉。李宝马上命令舰队全面出击。刹那间『鼓声震荡，海波腾跃』。金军遭到突袭，惊慌失措，仓卒应战，舰只挤成一堆。李宝先以部分战船切断金军退路，随即命前锋船队借助风势，以火箭等火器，向金军船队猛攻。由于金船帆是用油布做成，见火即燃，霎时间金舰队烟焰冲天，几百艘战舰一下子陷入火海之中。一些幸免火箭攻击的敌舰，仍想负隅顽抗。李宝指挥舰队插入敌阵命令士兵跳上敌舰，与金兵展开激烈的搏斗。这时，金舰队上的汉族水兵，纷纷倒戈起义。金军仅有数十艘战船向北逃遁。宋军乘风追杀百余里，金军除苏保衡等逃走外，其余几乎全军覆没。李宝以3000水军，全歼了兵力超过自己数十倍的金人的庞大舰队，粉碎了金从海上侵袭南宋都城临安的战略计划。

是故智者之虑，必杂于利害。杂于利而务可信也，杂于害而患可解也。是故屈诸侯者以害，役诸侯者以业，趋诸侯者以利。

注释

是故智者之虑，必杂于利害：虑：思考，谋划。《书·太甲下》：『弗虑胡获，弗为胡成。』《史记·淮阴侯列传》：『智者千虑，必有一失；愚者千虑，亦有一得。』韩愈《上张仆射第二书》：『虽岂弟君子，神明所扶持，然广虑之，深思之，亦养寿命之一端也。』杂：兼及。《楚辞·离骚》：『杂申椒与菌桂兮，岂维纫夫蕙茝？』王逸注：『言禹、汤、文王，虽有圣德，犹杂用众贤，以致于治，非独索蕙茝，任一人也。』柳宗元《薛君妻崔氏墓志》：『恩其故他姬子杂己子，造次莫能辨。』此句意思是，明智的将帅进行谋划时，必然有利的方面和有害的方面都考虑到。曹操曰：『在利思害，在害思利，当难行权也。』李筌曰：『害彼利此之虑。』张预曰：『智者虑事，虽处利地，必思所以害，虽处害地，必思所以利。此亦通变之谓也。』

杂于利而务可信也：『而务可信也』，汉简本作『故务可信』，《长短经·利害》所引作『而务可伸』，《御览》卷二七二所引作『而务可信』。务：事业，工作。《易·系辞上》：『夫易，圣人之所以极深而研几也。唯深也，故能通天下之志；唯几也，故能成天下之务。』《史记·苏秦列传》：『周人之俗，治产业，力工商，逐什二以为务。』韩愈《送许郢州序》：『是非忠乎君而乐乎善，以国家之务为己任者乎？』元许有壬《摸鱼子》词之九：『买陂塘旋栽杨柳，归来此是先务。』信：通『伸』，伸张。《礼记·儒行》：『有比党而危之者，身可危也，而志不可夺也。虽危，起居竟信其志。』郑玄注：『信读如屈伸之伸，假借字也。』《史记·春申君列传》：『今王使盛桥守事于韩，盛桥以其地入秦，是王不用甲，不信威，而得百里之地。王可谓能矣！』《三国志·蜀志·诸葛亮传》：『孤不度德量力，欲信大义于天下。』此句意思是，考虑到有利的一方面，才能完成作战的任务。曹操曰：『计敌不能依五地为我害，所务可信也。』王晳曰：『曲尽其利，则可胜矣。』梅尧臣曰：『以害参利，则事可行。』张预曰：『以所害而参所利，可以伸己之事。』

杂于害而患可解也：『而患可解也』，汉简本作『故忧患可解』，《长短经·利害》、《御览》卷二七二所引作『而患可解』。患：祸患，灾难。《易·既济》：『君子以思患而豫防之。』宋曾巩《本朝政要策·南蛮》：『南蛮于四夷为类最微，然动辄一方受其患。』解：免除，解除，消除。《易·系辞下》：『故恶积而不可揜，罪大而不可解。』《汉书·孔光传》：『长（淳于长）犯大逆时，乃始等见为长妻，已有当坐之罪，与身犯法无异。后乃弃去，于法无以解。』颜师古注：『解，免也。』《抱朴子·安贫》：『图画骐骥以代徒行之劳，遥指海水以解口焦之渴。』唐甄《潜书·除党》：『今有良药，可以一发而解固

是故屈诸侯者以害，役诸侯者以业，趋诸侯者以利。

是故智者之虑，必杂于利害。杂于利而务可信也，杂于害而患可解也。

结之疾。』此句意思是，考虑到不利的一方面，祸患就可以通过防范而解除。曹操曰：『既参于利，则亦计于害，虽有患可解也。』李筌曰：『智者为利害之事，必合于道，不至于极。』梅尧臣曰：『以利参害，则祸可脱。』王晳曰：『周知其害，则不败矣。』何氏曰：『利害相生，明者常虑。』张预曰：『以所利而参所害，可以解己之难。』

屈诸侯者以害：屈：使屈服，屈服。《诗·鲁颂·泮水》：『顺彼长道，屈此群丑。』郑玄笺：『屈，治；丑，恶也。』韩愈《张中丞传后序》：『城陷，贼以刃胁降巡，巡不屈。』苏轼《上神宗皇帝书》：『则所谓智出天下，而听于至愚；威加海内，而屈于匹夫。』诸侯：这里指敌对的国家。害：忧患，伤害其以所恶之事。此句意思是以危害之事相加使敌国屈服。曹操曰：『害其所恶也。』李筌曰：『害其政也。』杜牧曰：『敌人苟有其所恶之事，我能乘而害之，不失其机，则能屈敌也。』梅尧臣曰：『制之以害，则屈也。』王晳曰：『穷其于必害之地，勿使可解也。』张预曰：『致之于受害之地，则自屈服。或曰：间之使君臣相疑，劳之使民失业，所以害之也。』

役诸侯者以业：役：役使。《书·大诰》：『予造天役，遗大投艰于朕身。』蔡沉集传：『然我之所为，皆天之所役使。』晋陶潜《归去来辞》：『既自以心为形役，奚惆怅而独悲？』宋赵彦卫《云麓漫钞》卷七：『取吴中水窠以进，并以工巧之物输上方，就平江为应奉局，百工技艺皆役之。』梁启超《新民说》十一：『役之如奴隶，防之如盗贼。』业：事。曹操注曰：『业，事也。』此句意思是，以烦劳之事使敌国受自己的驱使（使之疲敝）。曹操曰：『使其烦劳，若彼入我出，彼出我入也。』李筌曰：『烦其农也。』梅尧臣曰：『挠之以事则劳。』

趋诸侯者以利：《御览》卷二七二所引『趋』作『趣』。趋：奔走。《公羊传·桓公二年》：『殇公知孔父死，己必死，趋而救之，皆死焉。』何休注：『趋，走也。』此句意思是，用小利引诱敌国，使之为之奔走。曹操曰：『令自来也。』李筌曰：『诱之以利。』张预曰：『动之以小利，使之必趋。』

译文

明智的将帅进行谋划时，必然有利的方面和有害的方面都考虑周全。考虑到有利的一方面，才能完成作战的任务；考虑到不利的一方面，祸患就可以通过防范而解除。以危害之事相加使敌国屈服，以烦劳之事相扰使敌国疲敝，以小利相引诱使敌国接受自己的调动。

评点

孙子提出的『智者之虑，杂于利害』的观点，深刻反映了一个军事战略家的长远眼光，是他的军事思想的一个重要环节。

刘邦建立汉朝的时候，匈奴东破东胡，南并楼烦，全部收服了秦朝时被蒙恬所夺的匈奴故地。在汉朝的北方形成了一个能与之相抗衡的强大的政治军事力量。

公元前200年，即高祖七年，匈奴兵南下，围攻马邑。当时被封为代王的韩王信投降匈奴，匈奴人继续南下，围攻太原。消息传到长安，刘邦震怒，决定亲率二十余万大军北征匈奴，打算一举歼敌，消除北方的大患。

到了晋阳，刘邦先后派了几批人前去侦探敌情。此时，匈奴故意把精锐士兵和肥壮的马匹都隐匿起来，只把老弱病残留在外面活动。回来的人都报告说，匈奴营中只有一些老弱残兵，连马都瘦得不能行动，只要果断出击，一定能大获全胜。于是刘邦一面亲率大军浩浩荡荡向北进发，一面又派刘敬去侦探敌情。

当大军进至句注山时，到前方侦查的刘敬回来了。他向刘邦报告说：『赶快停止进军，千万不可轻易出兵。两军对阵，从来只有夸耀自己的长处的，以实力显示自己的军威，藉以震慑敌人。可是我此次前往，看到的尽是些老弱残兵，跛驼瘦马，这一定是匈奴故意这么做，冒顿单于肯定在暗地里埋伏着伏兵，诱我军上当，千万不要贸然进攻啊！』一向做事谨慎的刘邦

这时候也犯了过于自信的毛病，他以为自己掌握的敌情是经过反复侦探得来的，不会有差错。即使其中有些出入，自己带领几十万大军，也不必有什么顾虑。因此，他不但没有听从刘敬的劝告，反而以扰乱军心的罪名令人把他押送广武。然后自己亲自率领先头部队，径自北上。

刘邦赶到平城，就到城外的白登山观察情况。这时，突然四下里伏兵四起，杀声震天，匈奴兵将白登山团团围住。这时候后续部队早已被刘邦甩在了身后，先头部队被匈奴40万大军分割包围。刘邦被围在山上整整七天七夜，缺粮断水，几乎陷入绝境。无奈之下，刘邦只得依从了陈平的计策，用重金买通冒顿的阏氏（妻子）。在阏氏的劝说下，以及先前的两名汉军降将未能如期而来，使得冒顿疑心他们与汉军私通，于是网开一面。在大雾的掩护下，刘邦仓惶冲出重围，逃回平城。

人们做事的时候，经常会只想着将要得到的利益，而忽略或者低估了行动中可能会出现的风险。刘邦正是犯了这样的错误，疏忽大意，轻易冒进，结果铸成大错，差一点命丧白登山。

238年，魏明帝曹睿打算让司马懿领兵四万，前往辽东讨伐公孙渊。

当司马懿整装待发时，曹睿问他：『贤卿此次出征，预料公孙渊将会用什么计策来对付呢？』

司马懿在接受任务之时，早就对当时的情势、双方的力量对比以及将采取的对策进行了精密的筹划。因此曹睿一问，他便顺口答道：『公孙渊得知我军征讨的消息，如果弃城避战，这是上策；据守辽河抵抗，这是中策；如果坐守襄平，那是下策。』

曹睿接着问：『公孙渊到底会采用哪种对策呢？』

司马懿肯定地回答道：『如果他善于分析敌我形势，并能明智地做出决定，他就会断然放弃眼前利益，弃城出走，以此拖延时间，疲惫我军，然后再寻找机会进行决战。但是我看公孙渊此人才智平平，优柔寡断，一定不会采取上策。他必然会

认为我军孤军深入，难以持久，因此一定会依托辽河据守；如果首战不利，他就会马上退守襄平，也就是由中策转入下策，在襄平等待我军捉拿。他一定会这样做的。』

战争的发展果然没有出乎司马懿的预料，最后魏军攻陷襄平，公孙渊父子率数万骑兵突围，被魏军追至梁水上游消灭。魏军乘胜平定了辽东等四郡。

《荀子》中说：将帅要时时地审知利害得失，始终如一，这样才能确保没有危险。用现代的观点来看，『智者之虑，杂于利害』也是符合唯物辩证法的对立统一规律的。

『智者之虑，杂于利害』还可以从做事者自己一方进行理解：任何方案策略的选择运用，都是利害兼有的，完全有利而无害的抉择不会存在。然而，中国人做事有追求十全十美的习惯，无论做什么事情，都想马上就把方方面面一起做好，这种思路也是有很多弊端的。拿破仑说：想守住一切，就一切就守不住。孙子也说：无所不备，则无所能备。如果一心只想搞『大而全』、片面地强调『齐头并进』，最终可能就会捡了芝麻而丢了西瓜，什么事情都做不好。

故用兵之法，无恃其不来，恃吾有以待也；无恃其不攻，恃吾有所不可攻也。

注释 无恃其不来，恃吾有以待之：《通典》卷一五五和《御览》三三〇所引『有以待也』作『有能以待之也』，武经本『也』作『之』。恃：依赖。《左传·僖公二十六年》：『室如悬罄，野无青草，何恃而不恐？』《文心雕龙·祝盟》：『忠信可矣，无恃神焉！』《新唐书·柳冕传》：『自安史乱常，始有专地；四方多故，始有不朝。戎臣恃险，或不悔过。』

有以待：有迎敌的准备。梅尧臣曰：『所恃者，不懈也。』

无恃其不攻，恃吾有所不可攻也：《通典》卷一五五和《御览》三三〇所引『其不攻』作『其不攻吾也』，『有所不可攻也』作『不可攻』。曹操曰：『安不忘危，常设备也。』李筌曰：『预备不可阙也。』杜佑曰：『安则思危，存则思亡，常有备。』梅尧臣曰：『所赖者，有备也。』王皙曰：『备者，实也。』张预曰：『言须思患而预防之。《传》曰：「不备不虞，不可以师。」』

译文 所以用兵的原则是：不要寄希望于敌人不会来，而要依靠我方做好充分的迎敌准备；不要寄希望于敌人不会攻击，而要依靠我方做好不能被攻破的稳固防御。

评点 俗话说：有备无患，不论是进攻还是防御，都必须做好充分的准备，应当尽最大可能做到万无一失。在激烈的军事斗争中，一时的侥幸心理则可能会造成难以挽回的损害。

春秋时期，楚国人攻伐陈国，陈国向吴国求救，吴国派军前去救援。吴军到达之后，两军相隔仅三十里，一连下了十天的雨，夜不见星。楚国的左史倚相对大将子期曰：『大雨一连下了十日，大家知道不能出战，士兵都把盔甲兵器扔到一边，吴国人必然回来袭击，还是早点准备好吧。』于是子期就命令士兵排开阵势，时刻做好应战的准备。阵势刚刚排好，吴军果然来了，看到楚军已经做好了准备，知道捡不到什么便宜，没有交战就返回了。左史又说：『吴国军队往返军营六十里地，他们走到中途一定会休息、吃饭。我军随后尾随追击，一定能击败他。』子期照他的意见去做了，果然不出所料，一举大破吴军。

三国时期，魏大军南征东吴，到达精湖的时候，魏将满宠率领的前部与吴军隔水相对。满宠对诸将说：『今夜风刮得很猛，吴军必定会来烧营，大家一定要谨慎防备。』当夜魏军全军上下都很警惕。夜半时分，东吴果然派出十支人马前来偷营，企图放火，满宠指挥军队一拥而上，击溃了他们。

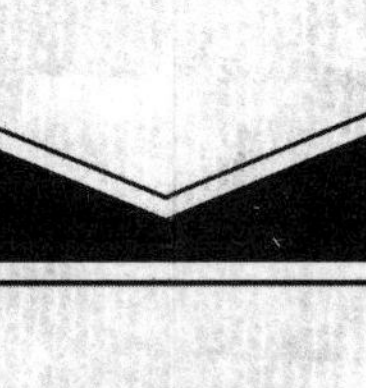

十六国时期，北燕冯跋据辽东，其弟万泥阻兵以叛，冯跋遣将冯弘与将军张兴讨之。冯弘打算先遣使去劝降，派人对万泥说：『昔者兄弟乘风云之运，抚翼而起。群公以天意所钟，逼奉主上光践宝位。列土疏爵，当与兄弟共之，奈何欲寻干戈于萧墙，弃友于而为阏伯。过贵能改，善莫大焉。宜舍兹嫌，同奖王室。』万泥不从，并约期决战。张兴对冯弘说：『贼明日出战，今夜必来惊营，宜备不虞。』冯弘觉得有道理，命令全军加强戒备，并埋伏好兵马，只等万泥前来。当夜，万泥果然遣壮士千余人来偷袭。冯弘一声令下，伏兵一起杀出，将来偷营的人马全部消灭，并一举平灭了万泥的叛乱。

怠惰是成功的绊脚石，这一点在军事斗争领域表现得尤为明显，在两军对垒的战场上，如果不能时时保持高度的警惕和戒备，不但不能成功，还可能会一败涂地。

故将有五危：必死，可杀也；必生，可虏也；忿速，可侮也；廉洁，可辱也；爱民，可烦也。凡此五者，将之过也，用兵之灾也。覆军杀将，必以五危，不可不察也。

注释 五危：五种容易带来危险的弱点，即下文所说的五事。必死，可杀也：汉简本、武经本、樱田本及《御览》卷二七二所引本句及以下四句均无句末的『也』字。必：坚持，坚决。《论语·子罕》：『子绝四：毋意，毋必，毋固，毋我。』何晏集解：『用之则行，舍之则藏，故无专必。』《荀子·强国》：『其刑罚重而信，其诛杀猛而必。』汉扬雄《太玄·度》：『石赤不夺，节士之必。』司马光集注：『秉志坚明不可移夺。』此句意为，一味死斗，缺乏智谋，就有被诱杀的可能。曹操曰：『勇而无虑，必欲死斗，不可曲挠，可以奇伏中之。』李筌曰：『勇而无谋也。』

必生，可虏也：《长短经·将体》和《御览》卷二七三所引「虏」作「虑」。虏：俘获。《庄子·则阳》：「衍请受甲二十万，为君攻之，虏其人民，系其牛马。」《汉书·周勃传》：「其将固可袭而虏也。」《晋书·孙恩传》：「乃虏男女二十余万口，一时逃入海。」此句意为，贪生怕死，就有被俘获的可能。曹操曰：「见利畏怯不进也。」李筌曰：「疑怯可虏也。」张预曰：「临陈畏怯，必欲生返，当鼓噪乘之，可以虏也。」

忿速，可侮也：忿：愤怒。《易·损》：「君子以惩忿窒欲。」汉邹阳《狱中上书自明》：「此鲍焦所以忿于世，而不留富贵之乐也。」《世说新语·忿狷》：「桓南郡小儿时与诸从兄弟各养鹅共斗，南郡鹅每不如，甚以为忿，乃夜往鹅栏间取诸兄弟鹅，悉杀之。」速：指性情急躁。忿速：忿怒急躁。杜牧注：「忿者，刚怒也；速者，褊急也，性不厚重也。」俞樾则说：「忿速乃古语，亦作忿数。《大戴礼·子张问入官篇》：且夫忿数者，狱之所由生也。「速」与「数」声近义通。杜牧解忿为刚忿，速为偏急，分为二义，未达古语也。」唐元稹《裴向授左散骑常侍制》：「朕以将壮之年臣妾天下，司其忿速，其在于持重温良之士以鉴之乎！」侮：轻慢，轻贱。《书·甘誓》：「有扈氏威侮五行，怠弃三正。」孔星衍疏：「威侮谓虐用而轻视之。」《管子·法法》：「禁而不止则刑罚侮。」《论语·季氏》：「小人不知天命而不畏也，狎大人，侮圣人之言。」邢昺疏：「侮谓轻慢。」此句意为，性情急躁易怒，就有被敌人侮慢的可能。李筌曰：「急疾之人，性刚而可侮致也。太宗教宋老生而平霍邑。」曹操注：「疾急之人，可忿怒而侮致之也。」梅尧臣注：「狷急易动。」

廉洁，可辱也：汉简本「廉洁」作「洁廉」。辱：羞辱，侮辱。《礼记·儒行》：「儒有可亲而不可劫也，可近而不可迫也，可杀而不可辱也。」唐刘餗《隋唐嘉话》卷上：「文德后问：「谁触忤陛下？」帝曰：「岂过魏征，每廷争辱我，使我常不自得。」」司马光《与王介甫书》：「或诟骂以辱之，或言于上而逐之。」此句意为，过于重视洁身清廉的名声，就有被侮辱的可能。

曹操曰：「廉洁之人，可污辱致之也。」李筌曰：「矜疾之人，可辱也。」

爱民，可烦也：《御览》卷二七二所引作「爱人而烦」，二七三所引作「爱人可烦恶也」。烦：烦劳，相烦。《左传·僖公三十年》：「若亡郑而有益于君，敢以烦执事。」韩愈《咏灯花》：「更烦将喜事，来报主人公。」此句意为，过度怀有爱民之心，就有被烦扰的可能。曹操曰：「出其所必趋，爱民者，必倍道兼行以救之，救之则烦劳也。」李筌曰：「攻其所爱，必卷甲而救，爱其人，乃可以计疲。」

凡此五者，将之过也，用兵之灾也：《长短经·将体》所引「将」作「将军」，「过」与「灾」下无「也」字。过：这里是过分、太甚的意思，而非过错。《论语·先进》：「子贡问：「师与商也孰贤？」子曰：「师也过，商也不及。」」《文心雕龙·论说》：「过悦必伪，故舜惊谗说。」苏轼《上神宗皇帝书》：「臣始读此书，疑其太过。」灾：指灾害，祸患。《周礼·天官·膳夫》：「天地有灾则不举。」郑玄注：「天灾，日月晦食；地灾，崩动也。」《孟子·离娄上》：「城郭不完，兵甲不多，非国之灾也。」陈皞曰：「良将则不然，不必死，不必生，随事而用，不忿速，不耻辱，见可如虎，否则闭户，动静以计，不可喜怒也。」梅尧臣曰：「皆将之失，为兵之凶。」何氏曰：「将材古今难之，其性往往失于一偏尔。故孙子首篇言将者智信仁勇严，贵其全也。」张预曰：「庸常之将，守一而不知变，故取则于己，为凶于兵。智者则不然，虽勇而不必死，虽怯而不必生，虽刚而不可侮，虽廉而不可辱，虽仁而不可烦也。」于鬯曰：「必死者，勇将也；必生者，智将也；忿速者，严将也；廉洁者，名将也；爱民者，仁将也，而必之，即有授敌以可杀、可虏、可侮、可辱、可烦之道，故为过。」

覆军杀将：《御览》卷二七一「杀」作「救」。覆：灭亡，覆灭。《书·仲虺之诰》：「殖有礼，覆昏暴。」孔传：「有礼者封殖之，昏暴者覆亡之。」《左传·哀公八年》：「今子以小恶而欲覆宗国，不亦难乎？」魏源《圣武记》卷五：「相持月余，

粮尽矢竭，九月我师覆焉。」覆军：覆灭全军。《墨子·非攻下》：「夫无兼国覆军，贼虐万民，以乱圣人之绪，意将以为利天乎？」汉应劭《风俗通·皇霸·五伯》：「覆军残身，终为僇笑。」晋潘岳《马汧督诔》：「夫褊师裨将之陨首覆军者，盖以十数。」清唐甄《潜书·止杀》：「覆军屠城，以取封侯，是食人之肉以为侯禄也。」

必以五危。必：必然，一定。《诗·邶风·旄丘》：「何其处也？必有与也；何其久也？必有以也。」《史记·白起王翦列传》：「赵应其内，诸侯攻其外，破秦军必矣。」《周书·文帝纪下》：「此五日中，吾取窦泰必矣。」以：因为，由于。《左传·僖公十五年》：「郑以救公误之，遂失秦伯。」《史记·张释之冯唐列传》：「以不能取容当世，故终身不仕。」宋洪迈《容斋三笔·奸鬼为人祸》：「隋文帝以子秦孝王俊有疾，驰召名医许智藏。」不可不察也：梅尧臣注曰：「当慎重焉。」张预注曰：「言须识权变，不可执一道也。」察：知道，理解。《礼记·丧服四制》：「礼以治之，义以正之，孝子、弟弟、贞妇，皆可得而察焉。」郑玄注：「察，犹知也。」

译文 将领有五种可能带来危险的性格上的偏执：一味死斗，缺乏智谋，就有被诱杀的可能；贪生怕死，就有被俘获的可能；性情急躁易怒，就有被敌人侮慢的可能；过于重视洁身清廉的名声，就有被侮辱的可能；过度怀有爱民之心，就有被烦扰的可能。所有这五种情况，都是将领在某一方面做的太过分，会给军事行动带来灾难性的后果。军队覆没，将领阵亡，必定是由这「五危」引起，将帅对此一定要有充分的认识。

评点 无论做什么事情都要把握好度，既不要过火，也不要不及，这虽然不好掌握，但却是将帅的基本素质。对于这一点，我国古代的「中道」、「中庸」的思想颇有参考价值。

姜子牙因辅佐周武王平定天下有功，被封在了齐国。当时，齐国有两个隐士，一个名叫狂裔，另一个名叫华士。他们二

人都自称德行高洁，不臣服于天子，不结交诸侯，自己耕田吃饭，自己挖井喝水，人们都称赞他们很贤明。

姜子牙听别人都称赞二人是贤才，就派人去请他们，但一连请了三次，他们都不肯到。他们自称宁愿过自食其力的隐士生活，也不食天子的俸禄。于是，姜子牙就命人杀了他们。

周公不明白姜子牙为什么要这样做，就立刻派人来问：「他们都是齐国的贤士，为什么一把你封到齐国你就杀了他们呢？」

姜子牙说：「现在如果有一匹千里马，被公认为是天下最好的。但是，即使用马鞭子抽它，它也不走，用上好的饲料喂它，它也不吃。对于这匹马，再笨的奴仆也不会把它作为脚力。这二人就是这样的马匹。他们不愿做天子的臣子，我无法驾驭他们；不愿结交诸侯，我无法驱使他们；他们自己种田来吃，自己掘井来喝，完全不同别人打交道，我就无法用赏罚来打动他们。他们不求名誉，不要禄位，虽说是贤哲，也一点用处都没有。既然不能为国效力，为国尽忠，有他们和没有他们又有什么不同呢？因此，我必须将这两个人杀掉。凡是国君无法臣服、诸侯不得结交的人，就是上天要遗弃的人。召他们三次而不来，则是叛逆之民。如果我称赞或者放纵他们，使他们成为天下人效法的对象，那么要我这个当国君的还有什么用呢？」

在中国历史上，清高的隐士都是受人尊敬的，但姜子牙却把这两位人们认为贤良的隐士给杀掉了，最根本的原因就在于他们追求清高的名声过了头。在人的思维方式中，不论做什么，都要掌握一个度，既不能过火，也不能不及，过火和不及在人们看来都是不恰当的，这就是「过犹不及」的道理。也就是说，做任何事情，都有一个适度的问题，虽然有时候这个度把握起来并不容易，但正因其难把握，才能从分寸上区分出不同人处理问题、控制局面能力的差异。

唐宪宗时，裴度被任命为中书令，封为晋国公。

有一次，裴度正在举行酒宴歌舞，忽然有随从来报告说，官印丢了。在场的人听到后，都惊慌失措，而裴度自己却依旧

神色怡然，告诉随从不要声张此事。谁都不明白他为什么这样做，私下认为他很奇怪。夜深了，酒宴正进行到热闹处的时候，随从们又报告说官印还在，并没有丢失。裴公听了，还是毫无反应，宴饮尽欢而散。

事后有人问他，印都丢了，你当时为什么还这样镇定？裴度说：『我猜准是书办们偷印去私盖书券了，如果不急着寻找追查的话，他们用完后自然就会再放回原处。如果追得太急，他们怕事情败露，肯定会将印丢到水里、火里，就再也没有办法找到了。』

从这件事情中，我们固然佩服裴度的镇静，但他处理事情的清醒和分寸也是难得的。正像他所分析的那样，如果他沉不住气，令人严加追查的话，官印肯定不会自己回来。

我国古代的许多思想家，都强调过掌握住事情的中道的重要性。管仲指出，凡为人君，猛毅则将被伐，懦弱则将被杀。那么，什么是猛毅，什么又是懦弱呢？严刑峻法、轻易杀人就叫做猛毅，不分好歹、一味纵容就叫做懦弱。这两种方式都会失去分寸。轻易杀人，必然会杀了无罪的人；姑息纵容，又会遗漏真正的罪犯。这两者都是引起国家祸乱的根源。

据《论语》记载：孔子的得意弟子子夏做了莒父的长官，请教孔子如何施政。孔子说：『不要图快，不要贪图小利。图快，反而不能达到目的，贪图小利，就办不成大事。』孔子主张执政者应该有全局观念和长远眼光，也就是要掌握住做事的度，才能达到施政的目的。

孟子也曾经说过：『杨朱主张为我，拔一根汗毛使天下人受益的事情，他都不肯干。墨子主张兼爱，摩秃头顶，走裂脚跟，只要有利于天下人的事，他都可以干。子莫主张中道，主张中道便差不多掌握了做事的关键了，但如果只主张中道而没有灵活性，不懂得变通之法，那也只是执着于一点，会产生执一而废百的弊端。』在这里，孟子也是强调了做事都应有一个『度』。

在中外历史上，凡是做成大事的，都是掌握分寸的高手。

明朝时候，张居正在全国推行一条变法，下令清查土地，对耕地进行重新丈量。周之屏此时正在南粤做官，当地的官员认为，朝廷对瑶族、侗族居住地区的耕地一向不过问，无法对其进行丈量。

周之屏到朝廷上汇报此事时，前来朝见天子的北方少数民族地区的官员也提出了同样的意见。宰相张居正听后，厉声对他们说：『你们只管丈量！』

周之屏听了，没再多问，行了礼便出去了。其他人还在窃窃私语，不肯离开。张居正笑着对他们说：『刚才离开的人理解了我的意图。』

大家出来问周之屏，宰相的话究竟是什么意思。周之屏说：『宰相正想通过丈量土地，统一法度，来治国平天下，他考虑的是全国的大局，难道还会明确地提出「某某田不能丈量」这类的意见吗？我们下属官员应当根据实际情况灵活掌握嘛！』

大家这才真正领会了张居正的意思。

张居正所使用的这种方法，现在的领导们在处理棘手的问题时，又何尝不在继续使用呢？

孙子曰：凡处军相敌，绝山依谷，视生处高，战隆无登，此处山之军也。绝水必远水，客绝水而来，勿迎之于水内，令半济而击之，利；欲战者，无附于水而迎客，视生处高，无迎水流，此处水上之军也。绝斥泽，惟亟去无留，若交军于斥泽之中，必依水草而背众树，此处斥泽之军也。平陆处易，而右背高，前死后生，此处平陆之军也。凡此四军之利，黄帝之所以胜四帝也。

注释 处军相敌：处：安顿，安排。《左传·襄公四年》：『靡奔有鬲氏，浞因羿室，生浇及豷……处浇于过，处豷于戈。』王安石《上仁宗皇帝言事书》：『故先王之处民，处工于官府，处农于畎亩。』处军：指在各种条件下行军、作战、驻扎的处置方法。相：看，观察。《书·无逸》：『相小人，厥父母勤劳稼穑，厥子乃不知稼穑之艰难。』孔传：『视小人不孝者，其父母躬勤艰难，而子不知其劳。』《史记·周本纪》：『及为成人，遂好耕农，相地之宜，宜谷则稼穑矣。』相敌：指观察敌情。李筌曰：『军，我，敌，彼也。相其依止，则胜败之数，彼我之势可知也。』

绝山依谷：绝：横度，越过。杜牧曰：『绝，过也。』《荀子·劝学》：『假舟檝者，非能水也，而绝江河。』杨倞注：『绝，过。』《史记·天官书》：『绝汉抵营室』，《索隐》：『绝，度也。』《汉书·成帝纪》：『不敢绝驰道』，颜师古注：『横度也。』《水经注·渭水三》：『汉成帝之为太子，元帝尝急召之。太子出龙楼门，不敢绝驰道，西至直城门，方乃得度。』陆游《夜泊水村》诗：『老子犹堪绝大漠，诸君何至泣新亭？』绝山：即通过山地。依：倚，靠。杜牧注：『依，近也。』王晳注：『依，附近耳。』《诗·小雅·采薇》：『驾彼四牡，四牡骙骙。君子所依，小人所腓。』陈奂传疏：『君子所依，谓依于车中者也。依，犹倚也。』《左传·定公四年》：『（申包胥）立，依于庭墙而哭，日夜不绝声，勺饮不入口七日。』依谷：指依傍溪谷。曹操曰：『近水草，便利也。』李筌曰：『绝山，守险也；谷近水草。夫列营垒，必先分卒守隘，纵畜牧，收樵采而后宁。』张预阿月：『凡行军越过山险，必依附溪谷而居，一则利水草，一则负险固。』

视生处高：生：向阳的。曹操曰：『生者，阳也。』李筌曰：『向阳曰生。』视生：指面向朝阳的方向。处：居住，居于，处在。《易·系辞下》：『上古穴居而野处，后世圣人易之以宫室。』《庄子·至乐》：『鱼处水而生，人处水而死。』《史记·樗里子甘茂列传》：『昔曾参之处费，鲁人有与曾参同姓名者杀人。』唐韩愈《江汉答孟郊》诗：『终宵处幽室，华烛光烂烂。』处高：指驻扎在地势高的地方。李筌曰：『生高之地可居也。』张预曰：『视生，谓面阳也，处军当在高阜。』

战隆无登：汉简本作『战降毋登』，《御览》卷三〇六、《通典》卷一五六所引作『战降无登』。杜佑注曰：『降，下也……战于山下，敌引之上山，无登逐也。』杜牧注和张预注也说：『一作「战降无登」』或『一本作「战降无登」』。可见，此句古代就有两种不同的文本。《孙子校释》中认为：『是《孙子》故本或本作「降」字，至唐宋而有「隆」、「降」之异。按：作「战隆无登」，言于隆高之地于敌作战，我不可登而迎之。「隆」从「降」声，「隆」、「降」可通假。……汉简之「战降毋登」即为「战隆毋登」，非如杜佑所训「降，下也。」』《〈孙子〉会笺》中也认为：『历来各家多以不可登高与敌作战为解，或以「隆」为「降」，解作敌若自高地攻下，我不可登高迎击。按此虽成说，然非本篇「处军」之旨。于鬯有鉴于此，以「战」为「单」之假，「单隆」乃指「单高之山」，「单隆无登」即言勿登孤立之高地，以免为敌四面包围。按此说有理。「战」，从「戈」，「单」声，例可通假。长沙马王堆汉墓帛书《经法》与《十大经》中即有多处借「单」为「战」

者，如《经法·亡论》：「守不固，单不克」，即言「战不克。」「隆」：汉简作「降」，《通典》同，杜注且云：「一作战降无登」，张注亦云：「一作战降无登迎」，是古本或有作「降」者。简本注云：「战降似胜于战隆」。按此「降」盖「隆」之假。「隆」从「降」声，例可通假。』这句话的意思是，如果敌人占据了高地，不要仰攻。

此处山之军也：《御览》卷三〇六、《通典》卷一五六所引作『此处山谷之军也』。意思是，这是在高山地带处军原则。张预：『凡高而崇者，皆谓之山，处山拒敌，以上三事为法。』绝水必远水：《通典》卷一六〇所引前有『敌若』二字。孙校本认为：「『绝水必远水』者，谓我过水而处军，则必远于水也。下文『客绝水而来』，始就敌人言之。……杜佑沿袭其文而不察，所以致误也。』此句意思是，我军渡过江河后要远离江河驻扎。曹操、李筌曰：『引敌使渡。』梅尧臣曰：『前为水所隔，则远水以引敌。』张预曰：『凡行军过水，欲舍止者，必去水稍远，一则引敌使渡，一则进退无碍。』

客：古代指战争中入侵的一方。《公羊传·庄公二十八年》：『春秋伐者为客。』《国语·越语下》：『夫圣人随时以行，是谓守时，天时不作，弗为人客。』韦昭注：『攻者为客。』《商君书·兵守》：『城尽夷，客若有从以入，则客必罢，中人必佚矣。』魏源《城守篇·守御下》：『绕城多坎，伏瓮而听，其声空空，掘堑以迎，扬灰煽烟，若鼷遇熏，客知有备，计辍不行。』

勿迎之于水内：《长短经·水火》所引作『迎之于水内』，无『勿』字。水内：杜牧认为，『「水内」乃「汭」也，误为「内」耳。』王晳也说：『「内」当作「汭」。』『汭』和『内』古通，此处应非字误。『「内」可同「汭」。《书·禹贡》「泾属渭汭」孔《疏》：「郑云：汭之言内也。」《书·召诰》「攻位于洛汭」孔《疏》又云：「水内曰汭。」《左传》庄公四年「会于汉汭而还」杜注亦云：「汭，内也。」此皆可证并非原文有误，唯解释有异耳。若解为「汭」，则「水汭」即非水中。

「汭」：《集韵》：「水相入也。」上引《书·禹贡》孔《疏》云：「泾水南入渭而名为渭汭，知水北曰汭。」上引《召诰》孔《疏》又云：「郑云：隈曲中也。」上引《左传》庄公四年释文云：「水曲曰汭。」《左传》闵公二年「虢公败犬戎于渭汭」，杜预注义同。故《说文》王注引阎若璩说云：「汭字解，有作水北者，有作水之隈曲者，有作水曲流者，有作水中洲者。」解虽有异，然要非水中，而是傍水之地，此地勿迎者，欲击之于半济也。』

令半济而击之：《通典》卷一六〇、《御览》卷三〇六所引『济』作『渡』，《御览》卷三〇六所引『半』下有『之』字。《长短经·水火》所引『令』下有『敌』字。济：渡河。《书·大诰》：『予惟小子，若涉渊水，予惟往求朕攸济。』孔传：『往求我所以济渡。』魏源《圣武记》卷一：『八月至黑龙江岸，霜未降，冰结如桥，师遂济。』曹操曰：『半渡，势不可并，故可败。』李筌曰：『韩信杀龙且于潍水，夫概败楚子于清发是也。』

欲战者，无附于水而迎客：《长短经·水火》所引作『欲战，无附于水而迎客也』，《通典》卷一六〇所引作『欲战，无附于水而迎客』，《御览》卷三〇六所引作『欲战，无附水而迎于客也』。曹操曰：『附，近也。』李筌曰：『附水迎客，敌必不得渡而与我战。』张预曰：『我欲必战，勿近水迎敌，恐其不得渡；我不欲战，则阻水以拒之，使不能济。』

无迎水流：即不要逆着水流，即不要处于水的下游。曹操曰：『恐溉我也。』李筌曰：『恐溉我也。智伯灌赵襄子，光武溃王寻，迎水处高乃败之。』贾林曰：『水流之地，可以溉吾军，可以流毒药。迎，逆也。一云，逆流而营军，兵家所忌。』此处水上之军也：《长短经·水火》所引作『谓处水上之军』，《御览》卷三〇六所引无『此』字。

绝斥泽：汉简本『斥』作『沂』。斥：咸卤。《书·禹贡》：『（青州）厥土白坟，海滨广斥。』陆德明释文：『郑云：「斥，谓地咸卤。」』《管子·地员》：『干而不斥，湛而不泽。』斥泽：指盐碱沼泽地带。《管子·轻重乙》：『咸卤斥

泽。」惟亟去无留：樱田本「无」作「莫」，《御览》卷三〇六所引「留」作「流」。亟：疾速。《诗·豳风·七月》：「亟其乘屋，其始播百谷。」郑玄笺：「亟，急。」《史记·陈涉世家》：「趣赵兵，亟入关。」宋周密《齐东野语·朱氏阴德》：「汝亟归告若主。」去：离开。《书·胤征》：「伊尹去亳适夏。」韩愈《剥啄行》：「剥剥啄啄，有客至门。我不出应，客去而嗔。」黄宗羲《前乡进士泽望黄君圹志》：「泽望堕地来，书卷未尝一日去手。」

若交军于斥泽之中，必依水草而背众树：《通典》卷一五七所引「若」作「为」，《御览》卷三〇六所引无「若」字，汉简本依上有「必」字。背：背部对着或后面靠着。《周礼·秋官·司仪》：「不正其主面，亦不背客。」《国语·吴语》：「王背屏而立，夫人向屏。」《水经注·汾水》：「水南有长阜，背汾带河。」温庭筠《菩萨蛮》词：「相忆梦难成，背窗灯半明。」王安石《次御河寄城北会上诸友》诗：「背城野色云边尽，隔屋春声树外深。」此句意思是说，如果不得已一定要在盐碱沼泽地带与敌军交锋，就要依傍水草，背靠树林。杜佑曰：「言不得已与敌战而会斥泽之中，当背稠树以为固守，盖地利，兵之助也。」李筌曰：「急过不得，战必依水背树。夫有水树，其地无陷溺也。」梅尧臣曰：「不得已而会敌，则依近水草，背倚众木。」王皙曰：「猝与敌遇于此，亦必就利而背固也。」张预曰：「不得已会兵于此地，必依水草以便樵汲，背倚林木以为险阻。」

平陆处易：平陆：平原，陆地。陶潜《停云》诗：「八表同昏，平陆成江。」唐僧鸾《苦热行》：「烛龙衔火飞天地，平陆无风海波沸。」林则徐《批上海请常留龙华港大坝截潮案》：「浑水内灌，致积泥沙，不一二年，仍如平陆。」易：平坦。《战国策·秦策二》：「自殽塞、溪谷，地形险易尽知之。」《淮南子·兵略训》：「易则用车，险则用骑。」高诱注：「易，平地也。」唐韦瓘《周秦纪行》：「将宿大安民舍。会暮，不至。更十余里，一道，甚易。」曹操曰：「车骑之利也。」

杜牧曰：「言于平陆必择就其中坦易平稳之处以处军，使我车骑得以驰逐。」张预曰：「平原旷野，车骑之地，必择其坦易无坎陷之处以居军，所以利于驰突也。」

而右背高，前死后生：武经本、樱田本均无「而」字，《御览》卷三〇六所引「而」作「左」。古人以「右」为上，「右」指军队的主要侧翼。意思是主要侧翼要背靠高地。一说以背靠高地为上，存之。前死后生，指前低后高。《淮南子·兵略训》云：「所谓地利，后生而前死，左牡而右牝。」又云：「高者为生，下者为死。」曹操曰：「战便也。」李筌曰：「夫人利用，皆便于右，是以背之。前死，致敌之地；后生，我自处。」张预曰：「虽是平陆，须有高阜，必右背之，所以恃为形势者也。前低后高，所以便乎奔击也。」

凡此四军之利：汉简本、樱田本和《御览》卷三〇六所引均无「此」字。四军之利：指上文处山、处水、处斥泽、处平陆等四种处军原则的好处。黄帝之所以胜四帝也：《御览》卷三〇六所引无「之」字，「也」上有「者」字。皇帝：古帝名，传说是华夏民族的共同祖先。少典之子，姓公孙，居轩辕之丘，故号轩辕氏。又居姬水，因改姓姬。国于有熊，亦称有熊氏。以土德王，土色黄，故曰黄帝。《易·系辞下》：「神农氏没，黄帝、尧、舜氏作，通其变，使民不倦。」孔颖达疏：「黄帝，有熊氏少典之子，姬姓也。」《史记·五帝本纪》：「黄帝者，少典之子，姓公孙，名曰轩辕。生而神灵，弱而能言，幼而徇齐，长而敦敏，成而聪明。」裴骃集解：「号有熊。」司马贞索隐：「有土德之瑞，土色黄，故称黄帝，犹神农火德王而称炎帝然也。」四帝：历代注家众说纷纭，梅尧臣和王皙都认为「四帝」为「四军」之误，赵本学认为「帝」乃「方」之误，于鬯认为「四帝」乃「炎帝」之误。曹操曰：「黄帝始立，四方诸侯亦称帝，以此四地胜之也。」李筌曰：「黄帝始受兵法于风后，而灭四方，故曰胜四帝也。」都以四方诸侯为「四帝」，意即，「四」并非实指。汉简《黄帝伐赤帝》中有：「（黄帝南伐赤帝，）

……东伐□（青）帝……北伐黑帝……西伐白帝……已胜四帝，大有天下……』。可见『四帝』不误，并且是实指赤、青、黑、白四帝。

译文 孙子说：将领处置军队和观察判断敌情时，应该知道以下四个原则：军队通过山地，必须临近溪谷，在居高向阳的地方驻扎。如果敌人占领高地，不要仰攻，这是在山地上的处置军队原则。渡过江河，要在远离水流的地方驻扎，敌人若渡水而来，不要在水边迎击，而要等它的军队渡过一半时再攻击，这样才较为有利。如果要同敌人交战，不要紧靠水边迎战敌人。在江河边扎营也要选择居高向阳的地方，并且不要在江河下游逆着水流，这是在江河地区处置军队的原则。通过盐碱沼泽地带，一定要迅速离开，不要逗留；如果不得已同敌军在盐碱沼泽地带交战，必须靠近水草而背靠树林，这是在盐碱沼泽地区处置军队的原则。在平原地区，军队应驻扎在开阔平坦的地域，右翼要依托高地，前低后高，这是在平原地区处置军队的原则。以上这四种『处军』原则的好处，就是当初黄帝能够战胜其它四帝的原因。

评点 在不同的形势下军队宿营结阵的情况均不同。在布列阵势之前，必须认真考察地形地势。《通典》卷一五七引有一段太公关于此事的论述，与孙子的思想颇为相似。『周武王将伐纣，问太公曰：「今引兵深入其地，与敌行阵相守，被敌绝我粮道，又越我前后，吾欲与战则不敢，以守则不固，为之奈何？」太公曰：「夫入敌地，必按地形势胜便处之，必依山陵、险阻、水草为固，谨守关梁隘塞。敌若卒去不远，未定而复反，彼用其士卒若太疾则后不至，后不至则行乱而未及阵，急击之，以少克众。」太公曰：「夫出军征战，安营阵，以六为法，亦可方六百步，亦可六十步，量人地之置表十二辰。将军自居九天之上，竟一旬，复徙开牙门，常背建向破太岁太阴大将军。凡军不欲饮死水，不欲居死地，不居地柱，不居地狱。」太公曰：「以步与车马战者，必依丘墓险阻，强弩长兵处前，短兵弱弩居后，更发更止。敌人军马虽众而至，坚阵疾斗，材

士强弩以备前后。」武王曰：「我无丘墓，又无险阻，敌人之至甚众，以车骑翼我两傍，猎我前后，吾三军恐怖，乱败而走，为之奈何？」太公曰：「令我士卒十行布铁蒺藜，遥见敌车骑将来，均置蒺藜，掘地迎广以深五尺，名曰命笼。人持行马进退，阑车以为垒，推而前后，直而为屯，以强弩备我左右。然则命我三军皆疾战，而必胜也。」』

选择有利的地势处置军队，是将领基本的军事技能之一。唐高宗时期，派遣将军裴行俭征讨突厥，大军到达单于都护府以北的时候，适逢天黑，需要安营扎寨。当壕沟挖好，营寨基本扎完之后，裴行俭突然命令马上把大营转移到附近另一处较高的地势上去。将士都大为不解，说：『我们刚刚安顿好，还是不要再折腾一次了吧。』裴行俭非常坚决，命令大军必须马上转移。当夜，暴风雨不期而至，天亮后大家出来一看，第一次扎营的地方积水一丈多深，将士们对裴行俭大为叹服。

在不同的地形和条件下就要采取不同的应对策略，这是孙子一贯坚持的主张。如果不能充分利用自然赐予的有利条件，就可能招致军事行动的失败。我国古代这类例子不少，宋楚泓水之战中宋襄公没有采取半渡而击的策略而导致失败就是其中之一。

公元前638年10月底，楚军进攻宋国。宋襄公为阻击敌军深入，屯军于两国交界处的泓水以北，等待楚军到来。11月1日，楚军已经全部集结到泓水南岸，并开始渡河。

宋国的大司马公孙固见楚军力量强大，两军众寡悬殊，建议宋襄公说，乘楚军正在渡河，大部队到达河的中间时，宋军予以掩杀，一定能大获全胜。

宋襄公听罢，皱起眉头想了想，说：『这个办法好。可是我们的军队是仁义之师，怎么能乘人之危而图侥幸获胜呢？』

宋襄公失去了痛击楚军的绝佳机会，楚军于是全部从容地渡过了泓水。

凡军好高而恶下，贵阳而贱阴，养生而处实，军无百疾，是谓必胜。丘

陵堤防，必处其阳而右背之。此兵之利，地之助也。上雨，水沫至，欲涉者，待其定也。凡地有绝涧、天井、天牢、天罗、天陷、天隙，必亟去之，勿近也。吾远之，敌近之；吾迎之，敌背之。

养生而处实：武经本和樱田本无「而」字。养生：得到休养生息。处实：处于物资丰实之地。曹操曰：「恃满实也。养生，向水草，可放牧养畜乘。实，犹高也。」梅尧臣曰：「养生便水草，处实利粮道。」军无百疾，是谓必胜：《通典》卷一五六和《御览》卷三〇六所引作「是为必胜，军无百疾」。李筌曰：「夫人处卑下必疠疾，惟高阳之地可居也。」

必处其阳而右背之：《通典》卷一五六和《御览》卷三〇六所引「阳」上有「高」字。地之助：《通典》卷一五六和《御览》卷三〇六所引上有「而」字。

上雨，水沫至，欲涉者，待其定也：汉简本作「上雨水，水流至，止涉，待其定……」，《通典》卷一六〇所引作「上而水，来沫至，欲涉者，待其定也」，《御览》卷三〇六所引作「上雨水，水沫至，欲渡者，待其定」。曹操曰：「恐半渡而水遽涨也。」李筌曰：「恐水暴涨。」梅尧臣曰：「流沫未定，恐有暴涨。」沫：水中的泡沫。张预注曰：「沫谓水上泡沤。」《文选·宋玉〈高唐赋〉》：「巨石溺溺之瀺灂兮，沫潼潼而高厉。」吕向注：「水触大石，溺溺而止，瀺灂而下，蹙沫潼潼然聚于高厉之处。」涉：徒步渡水，泛指渡水。《诗·郑风·褰裳》：「子惠思我，褰裳涉溱。」《书·盘庚中》：「盘庚作，惟涉河以民迁。乃话民之弗率。」《楚辞·九章·哀郢》：「惟郢路之辽远兮，江与夏之不可涉。」《韩非子·难一》：「昔者纣为炮烙，崇侯、恶来又曰斩涉者之胫也，奚分于纣之谤？」《史记·白起王翦列传》：「起迁为国尉。涉河取韩安邑以东，到干河。」

凡地有绝涧、天井、天牢、天罗、天陷、天隙：曹操曰：「山深水大者为绝涧，四方高、中央下者为天井，深山所过若蒙笼者为天牢，可以罗绝人者为天罗，地形陷者为天陷，涧道迫狭、深数丈者为天隙。」绝涧：高山陡壁之下的溪涧。梅尧臣注：「前后险峻，水横其中。」南朝梁江淹《青苔赋》：「绝涧俯视，崩壁仰顾。」唐杜审言《度石门山》诗：「道束悬

崖半，桥欹绝涧中。」清吴敏树《游大云山记》：「水走绝涧下，声怒号。」天井：称四周为山，中间低洼的地形。梅尧臣注：「四面峻阪，涧壑所归。」天牢：指群山环绕，形势险峻，易入难出之地。梅尧臣注：「三面环绝，易入难出。」张预注：「山险环绕，所入者隘为天牢。」天罗：谓林木纵横的地形。梅尧臣注：「草木蒙密，锋镝莫施。」王皙注：「罗谓如网罗也。」天陷：指地势低洼，泥泞易陷的地带。梅尧臣注：「卑下污泞，车骑不通。」《续资治通鉴·宋真宗景德二年》：「然自威虏城东距海三百里，其地沮泽硗埆，所谓天隙、天陷，非敌所能轻入。」天隙：指两山之间狭窄的谷地。梅尧臣注：「两山相向，涧道狭恶。」

吾远之，敌近之；吾迎之，敌背之：《御览》卷三〇六「背」作「倍」，通。曹操曰：「用兵常远六害，令敌近背之，则我利敌凶。」李筌曰：「善用兵者，致敌之受害之地也。」

译文

驻军一般都是喜欢高处避开洼地，选择向阳之处而避开阴湿之地；靠近水草地区利于军队休养，驻扎在干燥的高处便于物资供应。军需供应充足，将士百病不生，这样的军队就有了胜利的保障。在丘陵堤防，必须占据向阳的一面，并把右翼依托着它。这些方法都有利于用兵和借助于地形作为辅助条件。上游下雨，河中有水沫漂浮，如果想要过河，应等到水面平缓之后。遇到「绝涧」、「天井」、「天牢」、「天罗」、「天陷」、「天隙」这几种地形，一定要迅速离开，不要接近。我军应该远离这些地形，而让敌人去接近它；我们应躲着这些地形，而让敌人去凭靠它。

评点

军队安营布阵都要选择对自己的行动有利的地方，如果遇到于己不利的地形，必须迅速离开。我国古代有许多因占据了有利的地势和地形而取胜的战例。下面依《通典》卷一五七所引，略举几例以做史证。

战国秦师伐韩，围阏与。赵遣将赵奢救之，军士许历曰：「秦人不意赵师至此，其来气盛，将军必厚集其阵以待之。不

然，必败。』又曰：『先据北山者胜，后至者败。』赵奢即发万人趋之。秦兵后至，争山不得上，赵奢纵兵击之，大破秦军。遂解阏与之围。

后汉初，诸将征隗嚣，为嚣所败。光武令悉军栒邑，未及至，隗嚣乘胜使其将王元、行巡将二万余人下陇，因分遣巡取栒邑。汉将冯异即驰兵，欲先据之。诸将皆曰：『虏兵盛而新乘胜，不可与争。宜止军便地，徐思方略。』异曰：『虏方兵盛临境，忸忕小利，遂欲深入。若得栒邑，三辅动摇，是吾忧也。夫「攻者不足，守者有余」。今先据城，以逸待劳，非所以争锋也。』遂潜往闭城，偃旗鼓。行巡不知，驰赴之。异乘其不意，卒击鼓建旗而出，巡军惊乱奔走，追击数十里，大破之。

后汉武都参狼羌为寇，杀长吏，马援将四千余人往击之。羌在山上，援军据便地，夺其水草，不与战，羌遂穷困，悉降。

诸葛亮出斜谷，是时魏将司马宣王屯渭南。郭淮策亮必争北原，若亮跨渭登原，连兵北山，隔绝陇道，摇荡民、夷，此非国之利也。宣王善之，淮遂屯北原。堑垒未成，蜀兵大至，淮逆击走之。

魏将诸葛诞、胡遵等伐吴，攻东兴，吴将诸葛恪率水军拒之。及恪上岸，部将丁奉与唐咨、吕据、留赞等，俱从山西上。奉曰：『今诸军行迟，若敌据便地，则难与争锋矣。』乃辟诸军使下道，率麾下三千人径进。时风便，奉举帆二日至，遂据徐塘。天寒大雪，时魏诸将置酒高会，奉见其前部兵少，相谓曰：『取封侯爵赏，正在今日。』乃使兵解铠着胄，持短兵。敌人从而笑焉，不为设备。奉纵兵斫之，大破敌前屯。会据等至，魏军遂溃。

东晋末，宋武帝率师伐南燕慕容超。晋师度岘，慕容超惧，率卒四万就其将段晖等于临朐，谓其将公孙五楼曰：『宜进据川源，晋军至而失水，亦不能战矣。』临朐有巨蔑水，去城四十里，五楼驰据之。龙骧将军孟龙符领骑居前，奔往争之，五楼乃退，因而大败。

十六国后秦姚兴与前秦苻登相持，登自六陌向废桥，兴乃自将精骑以迎登，使将尹纬领步卒，据废桥以抗登。登因急攻纬，纬将出战，兴驰遣使谓纬曰：『兵法不战而制人者，盖谓此也。苻登穷寇，特宜持重，不可轻战。』纬曰：『先帝登遐，人情扰惧，不因思奋之力枭殄逆竖，大事去矣。』遂与登战，大破之，登众渴死者十二三，其夜大溃。

十六国夏赫连勃勃屯依力川，后秦姚兴将王奚聚羌胡三千余户于敕奇堡，勃勃进攻之。奚骁悍有膂力，短兵接战，勃勃之众多为所伤。于是堰断其水，堡人窘迫，执奚出降。

东魏将齐神武伐西魏，军过蒲津，涉洛，至许原。西魏将周文帝军至沙苑，齐神武闻周文至，引军来会。诘朝，候骑告齐神武军且至。周文部将李弼曰：『彼众我寡，不可平地置阵。此东十里有渭曲，可先据以待之。』遂军至渭曲，背水东西为阵。合战，大破之。

隋文帝初，突厥寇兰州，隋将贺楼子干率众拒之，至可洛峐山，与贼相遇。贼众甚盛，子干阻川为营，贼军不得水数日，人马甚弊，纵击，大破之。

军行有险阻、潢井、葭苇、山林、蘙荟者，必谨覆索之，此伏奸之所处也。

注释 军行有险阻、潢井、葭苇、山林、蘙荟者：武经本、《通典》卷一五〇和《御览》卷二九一、三〇六所引「军行」作「军旁」，樱田本作「军傍」。「葭苇」武经本作「蒹葭」。「山林」武经本和樱田本作「林木」，汉简本和《御览》卷二九一、三〇六所引作「小林」。「蘙荟」汉简本作「翳浍」，并下有「可伏匿者」四字。曹操曰：「险者，一高一下之地；阻者，多水也；潢者，池也；井者，下也。葭苇者，众草所聚也；林木者，众木所居也。蘙荟者，可屏蔽之处也。此以上论地形，

以下相敌情也。」李筌曰：「以下恐敌之可奇伏诱诈也。」潢：积水池，港汊。《文选·木华〈海赋〉》：「决陂潢而相湲。」李善注引《说文》：「潢，积水池也。」参见「潢污」。韩愈《送王秀才序》：「道于杨、墨、老、庄、佛之学而欲之圣人之道，犹航断港绝潢以望至于海也。」潢井：谓沼泽低洼地带。葭：初生的芦苇。《诗·召南·驺虞》：「彼茁者葭，壹发五豝。」毛传：「葭，芦也。」南朝梁江淹《倡妇自悲赋》：「霜绕衣而葭冷，风飘轮而景戾。」明郑若庸《玉玦记·摅忠》：「见葭极月连沙岸，谁是沈舟渔丈人。」葭苇：指芦苇，这里指杂草丛生之地。《韩诗外传》卷八：「有鸟于此，架巢于葭苇之颠，天喟然而风，则葭折而巢坏。」《汉书·李广传》：「引兵东南，循故龙城道行，四五日，抵大泽葭苇中。」汉王粲《从军诗》之五：「萑蒲竟广泽，葭苇夹长流。」章炳麟《訄书·议学》：「政治之学不修，使僎功审曲者议之，其埶将妄凿垣墙而殖葭苇。」翳：草茂貌。《文选·郭璞〈江赋〉》：「标之以翠翳，泛之以游菰。」李善注：「翳，草之翳荟也。」荟：草木繁盛貌。《诗·曹风·候人》：「荟兮蔚兮，南山朝隮。」朱熹集传：「荟，蔚，草木盛多之貌。」晋郭璞《江赋》：「涯灌芊萰，潜荟葱茏。」翳荟：草木丛密。晋潘岳《射雉赋》：「稊菽蘩糅，翳荟菶茸。」

必谨覆索之：汉简本无「必」字。覆索：反复搜索。此伏奸之所处也：汉简本作「奸之所处也」，武经本和樱田本作「此伏奸所处」。伏：隐藏。《诗·小雅·正月》：「鱼在于沼，亦匪克乐。潜虽伏矣，亦孔之照。」《史记·孙子吴起列传》：「于是令齐军善射者万弩，夹道而伏，期曰『暮见火举而俱发』。」唐甄《潜书·受任》：「凡用兵之道，危伏于安，安伏于危。」

奸：奸细，伏兵。

译文

军队两旁遇到有险峻的隘路、长满芦苇的湖沼低洼之地、山林和以及其它草木茂盛的地方，都必须仔细地反复搜索，这些都是敌人伏兵可能埋设和奸细可能隐伏的地方。

评点

用兵讲究奇正结合，伏兵便是奇兵的一种，孙子认为，自己要能够出奇制胜，同样也要防备敌人的奇兵，在芦苇荡、山林草木茂盛的地方，都是容易埋伏伏兵的地方，所以行军经过时要十分小心。且不说古典小说《水浒传》中描写的梁山好汉多次在芦苇荡中设伏，就是在历史上真实的战争中，也多次有这种情况出现。

公元537年，东魏高欢率军进击西魏的宇文泰。当时双方力量悬殊，高欢率领20万大军，而宇文泰手下则不足万人。如果想以弱胜强，必须利用奇谋妙策。宇文泰经过认真考虑后认为，如果让高欢的20万大军围城，势必非常被动，因此必须出城主动迎击。他初步决定把战场设在都城之外，但是在高欢进攻路途上，哪里设战场最好呢？最后，宇文泰决定在沙苑（今山西高陵）东背水列阵。他把自己的设想与部将们讨论，大家都大惑不解，平日多智的宇文泰为何要冒险背水列阵呢？莫不是想仿效韩信的「背水一战」？但是现在的情势与韩信当初不同，根本用不着用这种办法啊！最终还是宇文泰解开了大家的困惑，他解释道：「我今天想背水列阵，并不是像当初韩信一样为激励士气，而是为了埋伏兵力，出奇兵击败高欢。此河东岸芦苇遍地，正是伏兵的好地方。我与高欢拼杀时，伏兵杀出，高欢一定会大惊败走。」大家都觉得这个办法可行，同意了他的计划。于是，宇文泰亲率部下来到沙苑，让6000名兵卒埋伏在芦苇丛中，自己则带3000人马背水列阵，等待高欢。

高欢大兵到来，见宇文泰亲自带了区区3000人马出战，并且还是背水列了个一字长蛇阵，既不便进攻又不便防守，把弱点全部暴露给对方，犯了兵家大忌中之大忌，心里不仅暗笑。高欢部将们也以为此战必胜，所以不等高欢下令，就呐喊着冲将过来。两军刚接战，宇文泰一声信号，埋伏在芦苇中的6000甲士一起杀出。高欢大军见了，不知芦苇丛中还有多少兵马，以为中了敌人埋伏，吓得回头便跑，而后面的人怕前面的人抢了功劳，正向前涌来杀敌争功。于是前军后军自相践踏，伤亡惨重，大败而逃。20万大军收不住脚，一下子退出60里方才停下。高欢清点人马，损失了8万兵马，只得撤兵而回。

三十六计中有一计名为『打草惊蛇』，说：『疑以叩实，察而后动；复者，阴之媒也。』如果发现值得怀疑的地方就要通过侦查使各种情况得以落实，把情况完全掌握清楚了再行动。反复侦查，是发现隐藏着的敌人的方法。古人对此的按语说：『敌力不露，阴谋深沉，未可轻进，应遍挥其锋。兵书云：「军旁有险阻、潢井、葭苇、山林、蘙荟者，必谨复索之，此伏奸所藏也。」』这里所引用的，就是《孙子兵法》中的这段话。

敌近而静者，恃其险也；远而挑战者，欲人之进也；其所居易者，利也；众树动者，来也；众草多障者，疑也；鸟起者，伏也；兽骇者，覆也；尘高而锐者，车来也；卑而广者，徒来也；散而条达者，樵采也；少而往来者，营军也；辞卑而益备者，进也；辞强而进驱者，退也；轻车先出居其侧者，陈也；无约而请和者，谋也；奔走而陈兵车者，期也；半进半退者，诱也；杖而立者，饥也；汲而先饮者，渴也；见利而不进者，劳也；鸟集者，虚也；夜呼者，恐也；军扰者，将不重也；旌旗动者，乱也；吏怒者，倦也；粟马肉食，军无悬缻，不返其舍者，穷寇也；谆谆谕谕，徐与人言者，失众也；数赏者，窘也；数罚者，困也；先暴而后畏其众者，不精之至也；来委谢者，欲休息也。兵怒而相迎，久而不合，又不相去，必谨察之。

注释

远而挑战者：汉简本上有『敌』字。众树动者，来也；众草多障者，疑也：曹操曰：『斩伐树木，除道也。结草为障，欲使我疑也。』贾林注：『结草多为障蔽者，欲使我疑之。』鸟起者，伏也：曹操曰：『鸟起其上，下有伏兵。』伏：指伏兵。李筌曰：『藏兵曰伏。』兽骇者，覆也：《长短经·料敌》所引『兽』作『禽』。骇：原指马受惊，这里泛指惊起。

《晏子春秋·谏上二四》：『景公射鸟，野人骇之，公怒，令吏诛之。』张纯一校注：『孙云：惊鸟令去也。』《左传·哀公二十三年》：『知伯视齐师马骇，遂驱之。』《汉书·枚乘传》：『马方骇，鼓而惊之，系方绝，又重镇之。』曹操曰：『敌广陈张翼，来覆我也。』

尘高而锐者，车来也；卑而广者，徒来也：张预注：『车马行疾而势重，又辙迹相次而进，故尘埃高起而锐直也。徒步行缓而迹轻，又行列疏远，故尘低而来。』散而条达者，樵采也：《通典》卷一五〇和《御览》卷二九一『樵采』作『薪采来』，《长短经·料敌》作『薪来』。李筌曰：『烟尘之候，晋师伐齐，曳柴从之。齐人登山，望而畏其众，乃夜遁。薪来即其义也。此筌以樵采二字为薪来字。』杜牧曰：『樵采者，各随所向，故尘埃散衍。条达，纵横断绝貌也。』王皙曰：『条达，纤微断续之貌。』

少而往来者，营军也：梅尧臣注：『轻兵定营，往来尘少。』赵本学曰：『军欲下营，必有轻兵视地。』辞卑而益备者，进也：汉简本『卑』作『庳』。辞：言词。《易·系辞上》：『所乐而玩者，爻之辞也。』《礼记·曲礼上》：『毋不敬，俨若思，安定辞。』孔颖达疏：『辞，言语也。』《孟子·万章上》：『说《诗》者，不以文害辞，不以辞害志。』朱熹集注：『文，字也；辞，语也。』卑：谦恭，谦卑。《左传·昭公三年》：『郑伯如晋，公孙段相，甚敬而卑，礼无违者。』《汉书·张耳陈余传》：『高祖从平城过赵，赵王旦暮自上食，体甚卑，有子婿礼。』韩愈《唐故观察使韦公墓志铭》：『（韦丹）与宾客处，如布衣时，自持卑，一不易。』益：加强。曹操曰：『其使来辞卑，使间视之，敌人增备也。』

辞强而进驱者，退也：《通典》卷一五〇作『辞诡而强进驱者，退也』。曹操曰：『诡诈也。』驱：逼迫。陶潜《乞食》诗：『饥来驱我去，不知竟何之。』苏辙《上范公参政书》：『惟是险奸凶歼之人，嫉阁下声名出人，甚于雠寇。然驱于羣议，喑呜伏毒，不敢开口。』轻车先出居其侧者，陈也：《通典》卷一五〇所引无『出』字，汉简本无『其』字。曹操曰：『陈兵欲战也。』杜牧曰：『出轻车，先定战陈疆界也。』

无约而请和者，谋也：约：困曲，窘迫。陈皞注曰：『两国之师，或侵或伐，彼我皆未屈弱，而无故请和好者，此必敌人国内有忧危之事，欲为苟且暂安之计；不然，则知我有可图之势，欲使不疑，先求和好，然后乘我不备，而来取也。』一说『约』为质盟之约。李筌曰：『无质盟之约请和者，必有谋于人。田单诈骑劫，纪信诳项羽，即其义也。』

奔走而陈兵车者，期也：汉简本、武经本、樱田本以及《御览》、《通典》所引『兵』下均无『车』字，汉简本无『而』字。期：邀约，约定。《诗·墉风·桑中》：『期我乎桑中，要我乎上宫，送我乎淇之上矣。』《史记·留侯世家》：『与老人期，后，何也？』南朝宋刘义庆《世说新语·方正》：『陈太丘与友期行，期日中，过中不至，太丘舍去。』清张岱《陶庵梦忆·菊海》：『兖州张氏期余看菊。去城五里，余至其园……真菊海也。』清王晫《今世说·德行》：『（王湛）与人期，终始不爽。』李筌曰：『战有期及将用，是以奔走之。』杜牧曰：『盖先出车定战场界，立旗为表，奔走赴表，以为陈也，旗者，期也，与民期于下也。《周礼·大搜》曰「车骤徒趋，及表乃止」是也。』张预曰：『立旗为表，于民期于下，故奔走以赴之。』

半进半退者，诱也：汉简本无『半退』二字。李筌曰：『散于前不一，欲以诱我。』张预曰：『诈为乱形，是诱我也。』

杖而立者，饥也：樱田本『而』下有『后』字。杖：兵器。《吕氏春秋·贵卒》：『操铁杖以战，而所击无不碎。』《汉书·西域传上·乌弋山离国》：『（乌弋）以金银饰杖。』颜师古注：『杖谓所持兵器也。』《宋史·刑法志二》：『今众持

兵杖劫粮廪，一切宽之，恐不足以禁奸。』李筌曰：『困不能齐。』梅尧臣注：『倚兵而立者，足见饥疲之色。』张预注：『凡人不食则困，故倚兵器而立，三军饮食上下皆然，故一人饥则三军皆然。』

汲而先饮者，渴也：汉简本、《通典》卷一五〇、《御览》卷二九一所引『而』作『役』。李筌曰：『汲未至先饮者，士卒之渴。』张预注：『汲者未及归营而先饮水，是三军渴也。』见利而不进者，劳也：汉简本『劳』下有『拳（倦）』字，《通典》就一五〇、《御览》倦二九一所引前有『向人』二字，《长短经·料敌》所引『利』下无『而』字。劳：疲劳，劳苦。《易·系辞上》：『子曰：「劳而不伐。」』孔颖达疏：『虽谦退疲劳而不自伐其善也。』北魏杨衒之《洛阳伽蓝记·闻义里》：『王常停境上，终日不归；师老民劳，百姓嗟怨。』曹操曰：『士卒疲劳也。』李筌曰：『士卒难用也。』杜佑曰：『士疲倦也。敌人来，见我利而不能击进者，疲劳也。』梅尧臣曰：『人其困乏，何利之趋！』

鸟集者，虚也：李筌曰：『城上有鸟，师其遁也。』张预曰：『凡敌潜退，必存营幕，禽鸟见空，鸣集其上。』夜呼者，恐也：《通典》倦一五〇所引『呼』上有『喧』字。曹操曰：『军士夜呼，将不勇也。』李筌曰：『士卒怯而将懦，故惊恐相呼。』杜牧曰：『恐惧不安，故夜呼以自壮。』军扰者，将不重也：李筌曰：『将无威重则军扰。』陈皞曰：『将法令不严，威容不重，士因以扰乱也。』旌旗动者，乱也：《长短经·料敌》、《通典》卷一五〇、《御览》卷二九一所引均无『旌』字。张预注曰：『旌旗所以齐众也，而动摇无定，是部伍杂乱也。』

吏怒者，倦也：梅尧臣曰：『吏士倦烦，怒不畏避也。』粟马肉食，军无悬缻，不返其舍者，穷寇也：武经本作『杀马肉食者，军无粮也；军无悬缻，不返其舍者，穷寇也』。粟马：用粮食喂马。缻：汲水或盛水的瓦器。《墨子·备城门》：『水缻，容三石以上，大小相杂。』《左传·襄公九年》：『具绠、缶。』杜预注：『缶，汲器。』陆德明释文：『汲水瓦器。』

李筌曰：『杀其马而食肉，故曰军无粮也。不返舍者，穷迫不及灶也。』张预曰：『捐粮谷以秣马，杀牛畜以飨士，破釜及甀，不复炊爨，暴露兵众，不复反舍，兹穷寇也。』

谆谆谕谕，徐与人言者，失众也：《长短经·料敌》、《御览》卷二九一所引『徐与人言』作『徐言入入』。『失众也』，汉简本作『失其众者也』，《通典》卷一五〇、《长短经·料敌》所引作『失其众也』。曹操曰：『谆谆，语貌；谕谕，失志貌。』谆：忠诚，诚恳。唐韩愈《送惠师》诗：『吾非西方教，怜子狂且醇；吾嫉惰游者，怜子愚且谆。』钱仲联集释：『魏本引孙汝听曰：「诚悫貌也。」』谆谆：反复告诫、再三叮咛貌。《诗·大雅·抑》：『诲尔谆谆，听我藐藐。』朱熹集传：『谆谆，详熟也。』《史记·司马相如列传》：『厥之有章，不必谆谆。』裴骃集解：『谆，止纯反。告之叮咛。』谕谕：失意不满貌。

数赏者，窘也：《长短经·料敌》所引『窘』作『害』。窘：困迫。《诗·小雅·正月》：『终其永怀，又窘阴雨。』毛传：『窘，困也。』《列子·黄帝》：『商丘开先窘于饥寒。』《史记·季布栾布列传》：『项籍使将兵，数窘汉王。』裴骃集解引如淳曰：『窘，困也。』明王九思《中山狼》：『你有这剑，如何不杀他？交他这等窘你。』李筌曰：『窘则数赏以劝进。』杜牧曰：『势力穷窘，恐众为叛，数赏以悦之。』梅尧臣注：『势穷忧叛离，数赏以悦众。数罚者，困也：李筌曰：『困则数罚以励士。』梅尧臣曰：『弊不堪命，屡罚以立威。』

先暴而后畏其众者，不精之至也：李筌曰：『先轻后畏，是勇而无刚者，不精之甚也。』梅尧臣曰：『先行乎严暴，后畏其众离，训罚不精之极也。』来委谢者，欲休息也：委谢：谓委贽谢罪。梅尧臣注：『力屈欲休兵，委质以来谢。』休息：休养生息，这里指停止战争。张预曰：『以所亲爱委质来谢，是势力穷极，欲休兵息战也。』

兵怒而相迎，久而不合，又不相去，必谨察之：《御览》卷二九五所引『久』作『交』，樱田本、《武备志》『相』作『解』，汉简本『之』作『此』。合：交锋，交战。《史记·高祖本纪》：『淮阴先合，不利，却。』《三国志·魏志·武帝纪》：『时太祖兵少，设伏，纵奇兵击，大破之。』裴松之注引《魏书》：『布益进，乃令轻兵挑战，既合，伏兵乃悉乘堤，步骑并进，大破之。』曹操曰：『备奇伏也。』李筌曰：『是军必有奇伏，须谨察之。』

译文

敌人很近却很安静的，是依仗它有险要的地形的表现；敌人离我很远但前来挑战不休的，是企图诱我前往的表现；敌人驻扎在平坦的地方，是必定对它有某种好处。许多树木摇动，是敌人前来偷袭；草丛中设置许多遮障物，是敌人企图迷惑我军；群鸟惊飞，是下面必有伏兵；野兽惊骇奔逃，是敌人大举前来突袭；尘土飞扬得高而尖，是敌人的战车驶来了；尘土飞扬得低而宽广，是敌人的步兵开来了；尘土零散飞扬，是有人正在曳柴而行；尘土少而时起时落，是敌人正在查看地形准备扎营。敌人使者言辞谦卑军队却又在加紧战备的，是准备向我进攻；敌人使者措辞强硬而军队又在向前逼进的，是在准备撤退；战车先出动据在军营两翼的，是在布列阵势；敌人陷入困境而来讲和的，是另有阴谋；敌人往来快速奔跑并排开兵车的，是企图约期同我决战；敌人似进非进，似退非退的，是企图引诱我军。敌兵倚着兵器而站立的，是三军饥饿的表现；敌兵打水后自己先饮的，是敌军干渴的表现；敌人见到利益而不前往争夺的，是过于疲劳的表现；敌营上方聚集鸟雀的，下面必定已是空营；敌人夜间喊叫的，是军心恐慌的表现；敌营惊扰纷乱的，是敌将没有威严的表现；敌人旌旗不整齐地摇动的，是队伍已经混乱的表现。敌人军官易怒的，是全军已经疲倦的表现；敌人用粮食喂马，杀牲畜吃肉，营中没有挂着汲水器具，士卒不再返回营房的，是处于穷途末路的穷寇；敌将低声下气同部下交谈的，是将领失去人心的表现；不断犒赏士卒的，是敌军已经窘迫的表现；不断惩罚部属的，是敌人陷入困境的表现；先对士兵粗暴然后又害怕部下叛乱的，是最不精明的将领；敌方来送礼致谢的，是想休兵息战的表现；敌人盛怒与我对阵，却久不交战又不撤退的，必须仔细地观察以弄清他的企图。

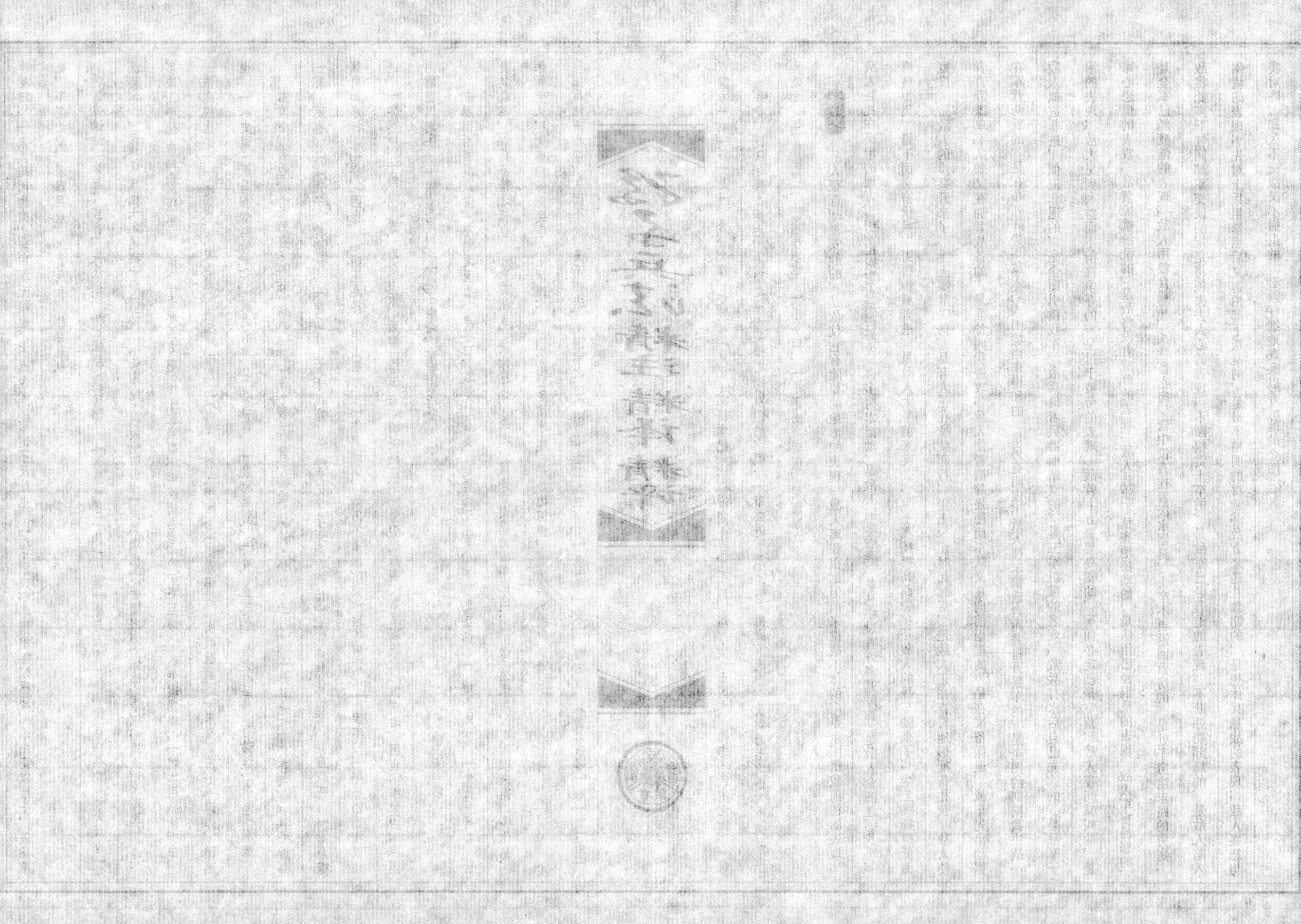

评点

《李卫公兵法·将务兵谋》中说：『统戎行师，当须料敌，然后纵兵。夫为将，能识此之机变，知彼之物情，亦何虑功不逮，斗不胜哉！』军事行动之前，必须了解敌人的情况和动向，而要了解敌人的情况和动向，除了靠派人打探之外，作为将领的也要具有敏锐的观察力和过人的判断力。孙子在这里详细介绍了三十二种通过直接观察来判断敌情的方法，充分反映了他逻辑分析和察微知著的能力。这三十二种方法，大体来说，可分为两类：一是依据自然景象和动物的特征和变化来观察、判断敌情。如：『鸟起者，伏也』；『兽骇者，覆也』等。二是依据敌人的行动来观察、判断敌人的情况和意图，如：『远而挑战者，欲人之进也』；『奔走而陈兵车者，期也』等。春秋时期，鲁国的曹刿通过齐军的辙印和旗帜判断是否有诈，从而在长勺之战中获得全胜，就是细心观察和分析敌情的结果。《左传·庄公十六年》中记载的鄢陵之战，晋国郤至的观察和分析也是晋军打败楚军的一个关键因素。

公元前575年4月，晋厉公以郑国叛晋附楚为由，联合齐、宋、鲁、卫四国，以栾书为中军帅率军伐郑。楚国是郑国的盟友，楚共王为援救郑国，亲统楚军及夷兵，以司马子反为中军帅，立即出兵支持。双方的军队在郑地鄢陵（今河南鄢陵西北）相遇。当时，楚郑联军共有兵车530乘，将士93000人；晋军有兵车500乘，将士50000余人，而宋、齐、鲁、卫的军队还没有到达鄢陵。晋军先到，但到达时四国的盟军援兵并未抵达，加之营垒前方有泥沼，兵车无法出营列阵，处于不利的地位。楚共王见与晋国同盟的诸侯各军未到，就想乘机击溃晋军。为此，楚军于古代用兵所忌的晦日六月二十九日，利用晨雾作为掩护，突然迫近晋军营垒列阵，想同晋军速决速胜。

在这种形势下，晋军中许多将领惧于楚郑联军的兵力优势，主张固守待援。主帅栾书认为，『楚军轻窕，固垒而待之，三日必退，退而击之，必获胜焉。』然而新军统帅郤至则认为应当主动出击。他分析说：『楚有六间，不可失也。其二卿相恶，

王卒以旧，郑陈而不整，蛮军而不陈，陈不违晦，在陈而嚣，合而加嚣。各顾其后，莫有斗心，旧不必良，以犯天忌，我必克之。』楚郑联军有六个致命的弱点，应当抓住这个时机，立即出击，定能获胜。具体说来，这六个弱点是：第一，楚军中军帅子反和左军帅子重关系不好，内部不和；第二，楚军虽然人数不少，但老兵多，行动迟缓，没有什么战斗力；第三，郑军列阵不整，说明他们缺乏训练，不堪一击；第四，随楚出征的蛮军不懂得阵法，不足为虑；第五，楚军布阵于无月光之夜，犯了兵家之大忌，实不吉利；第六，楚军在布阵过程中和布阵后，士卒喧哗不静，秩序混乱，丝毫没有临战的紧张气氛。如此杂乱无章的军队一旦投入战斗，必然会互相观望，没有斗志，晋军如果乘此机会发动进攻，一定能够把他们击败。晋厉公采纳了他的建议，决心与楚军决战。随后，他又接受了熟悉楚军内情的楚旧臣苗贲皇的建议，命令晋军先以精锐部队分击楚力量相对较弱的的左右军，得手后，再合军集中攻击楚军的精锐中军的王族部队。通过悉心的准备和谋划，结果，晋军鄢陵之战中大败楚军，楚军伤亡惨重，楚共王中箭负伤，被射瞎一只眼，公子茂被俘，中军帅子反自杀。晋国重新夺得了诸侯霸主的地位。

兵非益多也，惟无武进，足以并力、料敌、取人而已。夫惟无虑而易敌者，必擒于人。

注释

兵非益多也：汉简本作『兵非多益』，武经本、樱田本作『兵非贵益多也』。曹操曰：『权力均也。一云：兵非贵益多。』惟无武进：樱田本『惟』作『虽』，古通。惟：只是。《论语·述而》：『子谓颜渊曰：「用之则行，舍之则藏，惟我与尔有是夫！」』《文心雕龙·论说》：『逮江左群谈，惟玄是务。』苏轼《月夜与客饮酒杏花下》诗：『洞箫声断月明中，惟忧月落酒杯空。』武进：谓恃武冒进。王皙注：『不可但恃武也，当以计智料敌而行。』『无武进』，曹操曰：『未见便

也。」此句一般都理解为兵不在于多，重要的是军队不要恃武轻进，梅尧臣认为此句应为「兵虽不足以继进」，贾林说应是「虽无勇武之力以轻进」，均将「惟」解为「虽」。存之。

足以并力、料敌、取人而已：并力，合力，戮力。《韩非子·显学》：「境内必知介而无私解，并力疾斗，所以禽虏也，而以上为暴。」《史记·苏秦列传》：「于是六国从合而并力焉。」《后汉书·公孙述传》：「诸卿欲并力者即留，不欲者便去。」王守仁《传习录》卷中：「或营其衣食，或通其有无，或备其器用，集谋并力，以求遂其仰事俯育之愿。」袁枚《随园诗话》卷五：「裴春台云：『一栏并力作春色，百卉甘心奉盛名。』」料敌：估量、判断敌情。《吴子·料敌》：「凡料敌，有不卜而与之战者八。」唐杨巨源《述旧纪勋寄太原李光颜侍中》诗之二：「料敌知机在方寸，不劳心力讲《阴符》。」清朱琦《关将军挽歌》：「将军料敌有胆略，楼橹万艘屯虎门。」取人：一说为克敌制胜，取胜于敌。贾林曰：「虽我勇武之力而轻进，足以智谋料敌，并力而取敌人也。」王皙曰：「善分合之变者，足以并力乘敌间取胜人而已。」一说为选拔人才。杜牧曰：「言我与敌人兵力皆均，惟未能用武前进者，盖未得见其人也。但能于厮养之中拣择其材，亦足并力料敌而取胜，不假求于他也。」张预曰：「兵力既均又未见便，虽未足刚进，足以取人于厮养之中，以并兵合力察敌而取胜，不必假他兵以助己。」一说为善待士卒，争取人心。李筌曰：「兵众武，用力均，惟得人者胜也。」结合下文「令之以文，齐之以武，是谓必取」，应以李说为胜。

无虑而易敌者：《通典》卷一五〇「易」下有「于」字。易：轻视。《左传·僖公二十二年》：「国无小，不可易也。」《史记·高祖本纪》：「高祖为亭长，素易诸吏。」《新唐书·哥舒翰传》：「禄山见翰责曰：『汝常易我，今何如？』」清刘献廷《广阳杂记》卷四：「（石奇）和上以其老而易之，曰：『若要石桥成，须是再生来。』」易敌，即轻敌。

译文

军事行动中，兵力并不是越多越好，只是不能恃武冒进，能够做到同心协力、明察敌情、取得将士们的信任和支持，就可以战胜敌人了。那些既没有谋略而又轻敌的人，必定会被敌人所俘虏。

评点

在军事行动中，应该根据敌我力量的对比、各种情况的分析来决定是不是进攻，而不能仅凭一时意气而恃武冒进，在明知不可为时能够不为，否则，轻则会徒劳无功，重则可能会一败涂地。

三国时期，刘备为了给关羽报仇，不顾诸葛亮等人的劝告，仓促发起伐吴战役。猇亭一役，陆逊指挥吴军火烧蜀军连营700里，大获全胜。陆逊战胜刘备后，乘胜追击蜀军，在白帝城外遇到诸葛亮布下的「八阵图」遗迹，于是下令班师。

陆逊手下的将军们都感到非常奇怪，问道：「刘备已经兵败势穷了，现在困守一城，正好乘势消灭他；今天看见一个石阵就下令退兵，这是为什么呢？」

陆逊说：「我不是惧怕石阵才退兵的。因为我想到，魏主曹丕的奸诈程度，与他父亲曹操比起来，有过之而无不及。如果他一旦得到我率军追赶蜀兵的消息，一定会乘虚来偷袭我们。我们如果深入西川，到时候想退兵恐怕也退不出来了。」于是，他令一将断后，急忙率领大军返回。

果然不出陆逊所料，撤兵不到两天，魏军的三路人马、数十万大军就星夜杀奔吴国的边境。

其实，当时即使不顾及魏军偷袭，陆逊收兵回师也是一个正确的决策。因为东吴虽然在猇亭大败了刘备，但力量还不足以灭亡西蜀，如果贸然深入西川，胜利之师也会变为强弩之末，可能重蹈刘备猇亭失败的覆辙。

我国古代虽然崇尚「明知不可为而为之」的精神，但也一再强调「为」与「不为」要灵活掌握，不能生搬硬套，在险恶的环境下，更鼓励果断地知难而退。《吴子兵法》说：「见可而进，知难而退。」意思是说，对于何时该进，何时该退，必

须判断精准，把握合宜，不可放过胜利的机会，也不能做无谓的牺牲。《左传》上也说：『见可而进，知难而退，军之善政也。』意思同样是说，领军作战时必须见机而动，知道可以进攻就进攻，应该退却即退却，这是积极的原则。

春秋时期，郑国曾经依附于晋国。公元前597年，楚王领兵攻打郑国，围困郑国国都17天，弱小的郑国实在招架不住，郑伯就光着膀子牵着羊亲自到楚王面前纳降。郑国和楚国讲和，并归顺了楚国。

晋国听说楚国攻打郑国的消息后，派荀林父、士会等几员大将领兵救援郑国。军队到了黄河边的时候，楚、郑已经讲和而且订立了盟约的消息传来，荀林父就想撤兵回去，士会也同意他的决定，并说：『能进就进，知难而退，这就是治军最好的方法。现在楚国强盛，我们还是退兵为好。』

可是晋国的先縠坚决不同意他们的观点，并贸然急进，准备与楚军决战。无奈之下，荀林父也只好指挥军队跟随而去，结果晋军大败而归。

孙子的这一思想在现实生活中同样适用，在现实中也应该知道『知不可为则不为』的道理。在中国古代，孔子曾经提出了『知其不可为而为之』，主张为了践行某种道义、实现某种追求，应当义无反顾，成败在所不计。但是，孔子说这句话时并没有包含顽固不化、不知变通的意思。正如孟子所说的，孔子是『圣之时者』，即识时务、顺应时世变化的圣人。从孔子的一生中我们也可以发现，孔子决无偏执一端的习惯，可以从政就认真从政，不可以从政就马上退下来；在一个地方可以停留就停留，不能停留就马上离开。明朝的张岱在注《论语》中『子路宿于石门。晨门曰：「奚自？」子路曰：「自孔氏。」曰：「是知其不可而为之者与？」』一章时说：懵懵懂懂，没有认识到一件事情难以完成就去做的，是愚人；精明洞察，知道一件事情难以完成即罢手不做的，是贤人；大智若愚，知道一件事情难以做到但仍然还要去做，是圣人。这段注解是深刻地领会了孔子的『为』与『不为』思想的。对于我们这些普通人来说，不可能成为为了某种理想而抛弃一切的『圣人』，但是，如果不想在现实生活中成为一个失败者，当然也不能做一个『愚人』。

据史料记载，商纣王统治时期，殷商有三个『仁人』：比干、微子和箕子。比干因为劝谏纣王不要耽于淫乐，触怒了纣王，而被剖膛挖心。微子与箕子看到纣王的无道已经达到极致，并且固执己见，刚愎自用，料想殷商必亡无疑，劝谏也不会再起什么作用，因而都撒手不管，采取了逃避的态度。他们三人在面对商朝将要倾覆的时候所采取的行动不同，最终的结局也不同，但都被后世称为『仁人』。

可见，『为』并不是偏执，『不为』也决不意味着贪生怕死，不守操节。只有审时度势，在为与不为之间，做出合理的抉择，才可能创造出辉煌灿烂的业绩。

卒未亲附而罚之，则不服，不服则难用。卒已亲附而罚不行，则不可用也。故合之以文，齐之以武，是谓必取。令素行以教其民，则民服；令不素行以教其民，则民不服。令素行者，与众相得也。

注释

亲附：汉简本、《长短经·禁令》、《御览》卷二九六所引作『专亲』，《通典》卷一四九所引作『附亲』。

亲附：亲近依附。《周礼·春官·大宗伯》『以宾礼亲邦国』汉郑玄注：『亲，谓使之相亲附。』《淮南子·兵略训》：『群臣亲附，百姓和辑，上下一心，君臣同力。』宋曾巩《熙宁转对疏》：『近者使之亲附，远者使之服从。』用：出力，效命。《商君书·农战》：『国有事，则学民恶法，商民善化，技艺之民不用，故其国易破也。』《汉书·陈胜传》：『胜、广素爱人，卒未亲附而罚之，则不服，不服则难用。卒已亲附而罚不行，则不可用也。

故令之以文，齐之以武，是谓必取。令素行以教其民，则民服；令不素行以

教其民，则民不服。令素行者，与众相得也。

士卒多为用。』张预注『卒未亲附而罚之，则不服，不服则难用』一句曰：『骤居将帅之位，恩信未加于民，而速以刑罚齐之，则恚怒而难用。』卒已亲附而罚不行，则不可用也：汉简本『则不可用也』作『则不用』。曹操曰：『恩信已洽，若无刑罚，则骄惰难用也。』

故令之以文，齐之以武，是谓必取：汉简本『令』作『合』、『文』作『交』，『齐』作『济』，《御览》卷二九六、《书钞》卷一一三所引『令』作『合』。《孙子校释》认为应以『合』为是。『「文」、「武」对文，「合」、「齐」亦对文。「合」亦「齐」意。《易·干文言》：「与日月合其明」，即言「齐」。「令」因与「合」形似而讹，或涉下「令素行」、「令素不行」而改，均非是。《淮南子·兵略训》有云：「是故合之以文」，亦言「合」。故当从汉简本与《书钞》、《御览》作「合」。』此说有理，但因传本并非不可通，仍之，并存此说。令：教令，教育。齐：整治。《荀子·富国》：『必将修礼以齐朝，正法以齐官，平政以齐民。』杨倞注：『齐，整也。』《礼记·大学》：『欲治其国者，先齐其家。』文：文德，恩信。曹操注曰：『文，仁也。』李筌曰：『文，仁恩。』梅尧臣注：『令以仁恩。』《国语·周语下》：『夫敬，文之恭也。』韦昭注：『文者，德之总名也。』《荀子·不苟》：『夫是之谓至文。』杨倞注：『言德备也。』《诗·周颂·武》：『允文文王，克开厥后。』孔颖达疏：『所以能致此业而得为强者，由于信有文德之文王以圣德受命，能开其后世子孙之基绪。』武：刑罚。曹操注：『武，法也。』李筌曰：『武，威则。』梅尧臣注：『齐以威刑。』《尉缭子·治本》：『夫禁必以武而成，赏必以文而成。』必取：指必然能够取得士卒的亲附。一说为必然能够取胜。

令素行以教其民，则民服：汉简本『则』作『者』，《通典》卷一四九所引作『令素行以教其人者，令素行则人服』，《御览》卷二九六所引略同，但无『者』字。令：指法令。素：平素，向来。《左传·僖公二十八年》：『其众素饱，不可谓老。』

杨伯峻注：『素，向来。』《史记·陈涉世家》：『吴广素爱人，士卒多为用者。』北齐颜之推《颜氏家训·序致》：『吾家风教，素为整密。』素行：一贯认真执行。民：这里指士卒。令不素行以教其民，则民不服：《通典》卷一四九所引作『令素不行，在人不服』。

相得：得：亲悦，融洽。《左传·哀公二十四年》：『闰月，公如越，得大子适郢，将妻公，而多与之地。』杜预注：『适郢，越王大子；得，相亲说也。』王充《论衡·书虚》：『葵丘之会，桓公骄矜，当时诸侯畔者九国，睚眦不得，九国畔去，况负妇人淫乱之行，何以肯留？』相得：指彼此投合，关系融洽。陈皞注曰：『法令简当，议在必行，然后可以与众相得。』《史记·魏其武安侯列传》：『相得驩甚，无厌，恨相知晚也。』《初刻拍案惊奇》卷十一：『徐公接见了，见他会说会笑，颇觉相得。』清钱泳《履园丛话·书画·画中人》：『尝与王铁夫同寓扬州广储门之樗园，余过访之，相得甚欢。』

译文 士卒还没有亲近依附就施行惩罚，那么他们就必然会不服，士卒不服就很难使用。士卒已经亲近依附而不执行军纪军法，这样士卒也不能用来作战。所以，要用仁信恩德来教育他们，用军纪军法来统一他们的行动，这样必然能够取得部下的信任和拥戴。军令在平素就严格贯彻，并以此来教育引导士卒，士卒就能服从；平常从来不严格贯彻命令、教育士卒，士卒就不会服从。军法军纪一贯能严格执行，将帅就能够同士卒相处融洽。

评点 建军思想是《孙子兵法》中的重要组成部分，重赏罚，恩威并施是孙子建军思想的重要内容。『令之以文，齐之以武』所说的，就是这个道理。所谓『文』，就是要用政治、道义教育士卒，还要爱护和奖赏士卒。即《地形篇》中所说的『视卒若爱子』。所谓『武』，就是以军纪军法约束士卒，使士卒畏服，无条件地服从命令。

我国古代政治家和军事家都很重视在军队建设中的文武并用、恩威并施。《管子》说：『赏罚明，则勇士劝也』，『赏

罚不信，民无廉耻，而求百姓之安难，兵士之死节，不可得也」。它主张用「重禄重赏」激励将士，「禄予有功，则士轻死节」，否则，「良田不在战士，三年而兵弱；赏罚不信，五年而破」。同时，在赏罚中要「论功计劳」，「罚避亲贵」，对「疏远、卑贱、隐不知之人，不忘其劳。故有罪者不怨上，受赏者无贪心，则列阵之士，皆轻其身而安难，以要上事，为兵之极也。」「罚避亲贵者，不以使主兵」，「罚不避亲贵，则威行于临敌」。《司马法》也认为：「赏不逾时，欲民速得为善之利也；罚不迁列，欲民速睹为不善之害也」。《六韬》则提出，要「杀贵大，赏贵小」，即罚要罚那些「当路贵重之臣」，赏则赏那些「牛竖马洗、厩养之徒」。这样，杀一个「三军震」，赏一个则「万人悦」。

五代十国时，后汉的李守贞、赵思绾、王景崇发动了「三镇之乱」，朝廷派郭威统兵征伐。郭威率兵抵达李守贞所盘踞的河中城（今山西永济县蒲州镇）外，断绝了河中城与外界的联系，想通过困守逼迫李守贞投降。李守贞陷入重围，几次想派人突围与赵思绾取得联系，都被郭威击退，几乎在一筹莫展的时候，他想出了一条计来：让一批精明的将士扮作普通百姓，潜出河中城，在郭威驻军营地附近开设了多家酒店，酒店不仅价格低廉，甚至可以赊欠。

郭威临行前，曾经去向冯道求教，冯道告诉他要厚待士卒，郭威对此谨记在心，对部下仁爱备至，有功即赏，犯了错误则轻罚甚至不罚，将士受伤患病即亲自去探望，时间长了，果然赢得了军心，但因为赏重罚轻，这种爱护在很大程度上也成为了姑息养奸。郭威的士卒们见军营附近有这么多便宜又方便的酒店之后，便经常三五成群地入酒店喝酒，将领们也不加约束。李守贞见妙计奏效，悄悄地遣部将王继勋率千余精兵乘夜色突袭后汉军大营，后汉军毫无戒备，巡逻兵都喝得不省人事，王继勋人马杀来，顿时陷入一片混乱。郭威急忙遣将增援，但将士们竟畏缩不前，互相推诿。裨将李韬舍命冲出，众将士才发一声呐喊，鼓起勇气跟了上去。王继勋兵力太少，只得退回河中城。

这一事件使郭威看到了军纪松弛的危险，于是严令禁止将士私自饮酒，违者军法论处。谁知，军令刚刚颁布的第二天清早，郭威的爱将李审就违令饮酒。郭威思索再三，令人将李审推出营门，斩首示众。众将士见郭威的爱将李审都因违反军令被斩，才又重新认识到军令的重要，纪律顿时好了许多。不久，郭威发起攻击，相继平定了李守贞、赵思绾和王景崇，结束了「三镇之乱」。

第十章 地形篇

孙子曰：地形有通者，有挂者，有支者，有隘者，有险者，有远者。我可以往，彼可以来，曰通；通形者，先居高阳，利粮道，以战则利。可以往，难以返，曰挂；挂形者，敌无备，出而胜之；敌若有备，出而不胜，难以返，不利。我出而不利，彼出而不利，曰支；支形者，敌虽利我，我无出也；引而去之，令敌半出而击之，利。隘形者，我先居之，必盈之以待敌；若敌先居之，盈而勿从，不盈而从之。险形者，我先居之，必居高阳以待敌；若敌先居之，引而去之，勿从也。远形者，势均，难以挑战，战而不利。凡此六者，地之道也，将之至任，不可不察也。

注释

地形有通者，有挂者，有支者，有隘者，有险者，有远者：《长短经·地形》、《通典》卷一五九所引此句没有这六个「者」字。这里总说六种地形，以下分别介绍。我可以往，彼可以来，曰通：往：去。《易·系辞下》：「寒往则暑来，暑往则寒来，寒暑相推，而岁成焉。」《诗·小雅·采薇》：「昔我往矣，杨柳依依；今我来思，雨雪霏霏。」韩愈《感春》诗之一：「东西南北皆欲往，千江隔兮万山阻。」通：通达，四通八达的地区。《易·系辞》：「往来无穷谓之通。」梅尧臣注：「道路交达。」杜佑注：「谓俱在平陆，往来通利也。」张预注：「俱在平陆，往来通达。」

通形者，先居高阳，利粮道，以战则利：《长短经·地形》、《通典》卷一五九所引「通形者」作「居通地」；「先居

高阳」，《长短经·地形》所引作「先处其高阳」，《通典》卷一五九所引作「先据其地，居高阳」。高阳：指高而向阳之地。《后汉书·冯衍传上》：「凿岩石而为室兮，托高阳以养仙。」粮道：运粮的道路。《六韬·疾战》：「敌人围我，断我前后，绝我粮道，为之奈何？」《史记·廉颇蔺相如列传》：「纵奇兵，佯败走，而绝其粮道。」这一句意思是说，在道路通达的平陆地区，应当先率先占据居高向阳的区域，保持粮道的畅通，这样，进行战斗就会有利。曹操曰：「宁致人，无致于人。」李筌曰：「先之以待敌。」张预曰：「先处战地以待敌，则致人而不致于人。我虽居高面阳，坐以致敌，亦虑敌人不来赴战，故须使粮饷不绝，然后为利。」

可以往，难以返，曰挂：「挂」，武经本作「挂」，《通典》卷一五九所引作「挂地」。挂：碍，阻碍。这里指易入难出的地区。杜佑注：「挂者，牵挂也。」李筌曰：「往不宜返曰挂。」杜牧注：「挂者，险阻之地，与敌共有，犬牙相错，动有挂碍也。」梅尧臣注：「网罗之地，往必挂缀。」赵本学曰：「往则顺而下，返则逆而上，前高后低，如物挂者然也。」《谷梁传·昭公八年》「御擊者不得入」晋范宁注：「擊挂则不得入门。」陆德明释文：「挂，碍也。」挂形者，敌无备，出而胜之；敌若有备，出而不胜，难以返，不利：《长短经·地形》、《通典》卷一五九所引「挂形者」作「挂形曰」，「敌若有备」作「敌有备」。这一句意思是说，在易入难出的挂形地区，敌人如果没有防备，我们就能出击战胜他，敌人如果有防备，出击不能取胜，我军又难以返回，这就不利了。张预注曰：「察知敌情，果为无备，一举而胜之，则可矣，若其有备，出而弗克，欲战则不可留，欲归则不得返，非所利也。」

我出而不利，彼出而不利，曰支：支：持，相持，这里指对彼我双方出兵均不利的地区。《左传·定公元年》：「天之所坏，不可支也；众之所为，不可奸也。」杜预注：「支，持也。」李筌曰：「支者，两俱不利，如挂之形，故各分其势。」赵本

学曰：『各守高隘，垒壁相望，其中有可战之地，险阻倾测，不利分合，不便救应，彼此皆然，两相支持而已，故曰支形。』郭化若注：『支，敌我相隔处于隘路两端。』

支形者，敌虽利我，我无出也；引而去之，令敌半出而击之，利：《长短经·地形》《通典》卷一五九所引『支形者』作『支形曰』。利：以利引诱。引：收敛，退避。《素问·五常政大论》：『坚成之纪，是谓收引。』王冰注：『引，敛也。』《战国策·赵策三》：『秦军引而去。』《孔子家语·入官》：『笃之以累年之业，不因其力，则民引而不从。』《新唐书·张巡传》：『贼觉，拒之，且战且引。』去：离开。这一句意思是说，在敌我双方出兵都不利的支形地区，敌人即使以利引诱我军，我们也不要主动出击，应该率军假装退避，诱使敌人来追赶我们，等他们出击到一半的时候，再回师乘机反击，这样就有利了。张预注曰：『敌若来追，伺其半出，行列未定，锐卒攻之，必获利焉。』

隘形者，我先居之，必盈之以待敌：《长短经·地形》《通典》卷一五九所引『隘形者』作『隘形曰』，《长短经·地形》所引『以』作『而』。隘：狭窄，狭小。这里指狭窄险要的地区。曹操曰：『隘，两山之间通谷也。』梅尧臣曰：『两山通谷之间。』《左传·昭公三年》：『初，景公欲更晏子之宅，曰：「子之宅近市，湫隘嚣尘，不可以居，请更诸爽垲者。」』杜预注：『隘，小。』杨伯峻注：『隘，狭小。』《左传·僖公二十二年》：『勍敌之人，隘而不列，天赞我也。』杜预注：『言楚在险隘，不得陈列，天所以佐宋。』晋左思《蜀都赋》：『一人守隘，万夫莫向。』《明史·忠义传二·王鈇》：『乃用小艇数十蹑倭，倭夹击之隘中，独者长数人从，皆力斗死。』盈：满，充满。《诗·周南·卷耳》：『采采卷耳，不盈顷筐。』这里指以足够兵力堵塞隘口。杜佑曰：『盈，满也，以兵陈满隘形，欲使敌不得进退也。』杜牧注：『盈者，满也。言遇两山之间，中有通谷，则须当山口为营，与两山口齐，如水之在器而盈满也。』皆是。李筌曰：『盈，平也。敌先守隘，我去之。』

失之。

若敌先居之，盈而勿从，不盈而从之：《长短经·地形》所引『居』下无『之』字。从：跟随。这两句意思是说，在狭窄险要的隘形地区，我军必须率先以重兵占领隘口以等待敌军到来，如果敌军先占据并且封锁了隘口，我们不要随敌意去进攻，如果敌人没有封锁隘口，我军就可以进攻。曹操曰：『隘，两山之间通谷也，敌势不得挠我也。我先居之，必前齐隘口，陈而守之，以出奇也。敌若先居此地，齐口陈，勿从也。即半隘陈者从之，而与敌共此利也。』张预曰：『左右高山中有平谷，我先至之，必齐满，由口意为陈，使敌不得进也。我可以出奇兵，彼不能以挠我。敌若先居此地，盈塞隘口而陈者，不可从也。若虽守隘口，俱不齐满者，入而从之，与敌共此险阻之利。』险形者：《长短经·地形》、《通典》卷一五九所引作『险形曰』。险：险阻，阻塞。这里指高峻险要的地区。梅尧臣曰：『山川丘陵也。』《管子·势》：『战而惧险，此谓迷中。』尹知章注：『方战之时，惧有险碍。』晋陆机《辨亡论下》：『其郊境之接，重山积险。』韩愈《元和圣德诗》：『疆外之险，莫过蜀土。』

若敌先居之，引而去之，勿从也：《长短经·地形》、《通典》卷一五九所引『居』和『去』下均无『之』字。这两句意思是说，在高峻难行的险形地区，我军应先占据此险要之地，并在处高向阳的地方以待敌军。如果敌人率先占据了此地区，应当率军离开，不要与敌军交战。曹操曰：『地险隘，尤不可致于人。』李筌曰：『若险阻之地，不可后于人。』张预曰：『平陆之地，尚宜先居，况险阨之所，岂可以致于人？故先处高阳，以佚待劳，则胜矣。若敌已居此地，宜速引去，不可与战。』

远形者，势均，难以挑战，战而不利：《长短经·料敌》所引作『远形钩势，难以挑，战而不利』，《通典》卷一五九所引『远形者』作『夫远形』。远形：指敌我相距较远的地区。势均：一说为兵势相均。李筌曰：『力敌而挑，则利未可知也。』孟氏曰：『兵势既均。』张预曰：『势力又均。』一说地势相均，哪一方都没有优势。杜牧曰：『譬若我与敌垒相去三十里，若我来

就敌垒而延敌欲战者，是我困敌锐，故战者不利。若敌来就我垒延我欲战者，是我佚敌劳，敌亦不利，故言势均。』杜说为善。挑战，激使敌方出战。曹操曰：『挑战者，延敌也。』《左传·宣公十二年》：『赵旃求卿未得，且怒于失楚之致师者，请挑战，弗许。』这一句意思是说，在敌我营垒相距较远的远形地区，双方在地利上处于均势，都很难到对方营垒主动挑战，这种情况下出战就不利。道：一般原则，基本规律。

将之至任，不可不察也：《长短经·料敌》所引作『皆将之至任，不可不察』。至：最，极。《国语·越语下》：『阳至而阴，阴至而阳。』韦昭注：『至，谓极也。』《论语·雍也》：『中庸之为德，其至矣乎！』朱熹集注：『至，极也。』《史记·春申君列传》：『臣闻物至则反，冬夏是也。』张守节正义：『至，极也，极则反也。冬至，阴之极；夏至，阳之极。』

译文

孙子说：地形有『通』、『挂』、『支』、『隘』、『险』、『远』等六种。我们可以去，敌人可以来的地区，叫做『通』；在这种地区，必须先抢占处高向阳的地方，并保持粮道畅通，这样，作战就有利。容易前进、难以返回的地区，称为『挂』；在这种地区，敌人如果没有防备，我们就能出击战胜他，敌人如果有防备，出击不能取胜，难以返回，这就不利了。我军出击不利，敌人出击也不利的地区，叫做『支』。在这种地区，敌人即使以利引诱我军，我们也不要主动出击，应该率军假装退避，诱使敌人来追赶我们，等他们出击到一半的时候，再回师乘机反击，这样就有利了。在狭窄险要的『隘』形地区，我军必须率先以重兵占领隘口以等待敌军到来，如果敌军先占据并且封锁了隘口，我们不要随敌意去进攻，如果敌人没有封锁隘口，我军就可以进攻。在高峻难行的『险』形地区，我军应先占据此险要之地，并在高处向阳的地方以待敌军。如果敌人率先占据了此地区，应当率军离开，不要与敌军交战。在敌我营垒相距较远的『远』形地区，双方在地利上处于均势，都很难到对方营垒主动挑战，这种情况下出战就不利。以上这六条，就是利用地形的一般原则。掌握这些基本原则是将帅最重要的责任，不可不认真加以考察研究。

评点

鉴于地形在作战中所起的至关重要的作用，我国古代兵家无不主张占据有利地形，以创造制胜条件。《通典》卷一五九引《周书阴符》说：『步贵知变动，车贵知地形，骑贵知别径奇进，故三军同名异用。可往而无以还者，车之死地；越险绝阻，乘敌远行者，车之竭地；前易后险者，车之困地；容车贯阻，出而无返者，车之患地；左险右易，上陵仰阪者，车之逆地；深堑黏土者，车之劳地；殷草横亩，犯历深泽者，车之拂地；车少地易，与步不辞者，车之败地；后有沟渎，左有深山，右有峻阪者，车之坏地；日夜霖雨，旬月不止，泥淖难前者，车之陷地。凡骑以陷敌，而不能破敌，敌人佯走，以步骑反击我后，此骑之败地也；追背踰限，长驱不止，敌伏我两傍，又绝我后，此骑之困地也；往无以返，入无以出，陷于天井，填于地牢，此骑之死地也；所由入者隘，所由去者远，彼弱可以击我强，少可以击我众，此骑之没地；大涧深谷，蓊秽林草，此骑之竭地；左右有水，前有大阜，后有高山，战于两水之间，乘敌过邑，是谓表里相合，左有深沟，右有峭坑，高下与地平，瞻之广易，进退相敌，此并骑之陷地；污下沮泽，进退渐洳者，骑之患地。拙将之所以见擒，明将之所务避也。』《六韬·虎韬·绝道》指出：『凡深入敌人之地，必察地之形势，务求便利，依山林、险阻、水泉、林木而为之固，谨守关梁，又知城邑、兵墓地形之利。如是，则我军坚固，敌人不能绝我粮道，又不能越我前后。』《武经总要·制度九》中说：『夫用兵之道，有地利焉。我先据胜地，则敌不能以制我；敌先据胜地，则我不能以制敌。若择地顿兵，不能趋利避害，是驱百万之众而自投死所，非天地之灾，将之过也。』《草庐经略·地形》也认为：『大都屯营置阵，得地者强，所谓善战者立于不败之地，而不失地之败也。』『两军交战，地不两利；我先得之，敌为我制。虽可利人，实由人择；固分险易，还务通权。』

因此，我国古代军事思想家们又告诫领兵作战的将领，一定要充分发挥主观能动性，掌握丰富翔实的材料，判断哪些地

形对我有利。《登坛必究·辑舆地图说》中说：『天将者，贵明三才之道。天地杳茫，尚可少缓；至于地理，若不素明，夷远不知，远近莫辨，则何以料敌而设谋？』《百战奇法·导战》也指出：『凡与敌战，山川之夷险，道路之迂直，必用乡人而导之，乃知地利，而战则胜。』只有了解了地形，才能依照地形的类别正确运用作战原则。孙子在《行军篇》《地形篇》、《九地篇》中多次对不同地形及其相应的行军作战原则和方法做出划分和强调，也正是为了达到这一目的。

我国历史上，因对地利是否充分利用而影响了战争胜负的战例举不胜举。这里仅选《通典》中所引的几例以作史证。

春秋时，郧人军于蒲骚，将与随、绞、州、蓼伐楚师。楚将屈瑕病之。大夫斗廉曰：『郧人军其郊，必不诫。且日虞四邑之至。君次于郊郢，以御四邑，我以锐师宵加于郧。郧有虞心而恃其城，莫有斗志。若败郧师，四邑必离。』从之。遂败郧师于蒲骚。

后汉末，曹公使夏侯妙才、张合屯汉中。蜀先主进兵汉中，次于阳平关，南渡沔水，沿山稍前，于定军山势作营。妙才将兵来争其地。先主命黄忠乘高鼓噪攻之，大破妙才军，斩妙才。曹公自长安南征。先主遥策之曰：『曹公虽来，无能为也，我必有汉川矣。』及曹公至，先主敛众拒险，终不交锋。积日不战，兵士亡者多，曹公果引军退还。先主遂有汉中。

魏将曹爽之伐蜀，司马文王同行，出骆谷，次于兴势。蜀将王林夜袭文王营，文王坚卧不动。林退，文王谓诸将曰：『费祎已据险拒守，进不获战，攻之不可，宜亟还军，以为后图。』爽等引退。祎果驰兵趣三岭，争险乃得过。

后魏遣将伐后燕慕容宝，已平并州、潞川，频胜。宝在中山，引群臣议之。中山尹苻谟曰：『魏军强盛，千里转斗，乘胜而来，勇气兼倍，若逸骑平原，形势弥盛，殆难为敌。宜杜险拒之。』中书令眭邃曰：『魏军多骑，师行剽锐，马上赍粮，不过旬日，宜令郡县聚千家为一堡，深沟高垒，清野待之，至无所掠，资食既罄，不过六旬，自然穷退。』尚书封懿曰：『今魏师十万，天下之劲敌也。百姓虽欲营聚，不足自固，是则聚粮集兵以资强寇，且又动众心，示之以弱。阻关拒战，计之上

也。』慕容麟曰：『魏今乘胜气锐，其锋不可当，宜完守设备，待其弊而乘之。』于是修城积粟，为持久之备。魏攻中山不克，进据博陵鲁口，诸将睹风奔退，郡县悉降于魏。

大唐武德中，太宗围王充于东都，王充势穷，实建德自河北来救。诸将及萧瑀等咸请且退师避之，太宗不许，曰：『王充粮尽，内外离心，我当不劳攻击，坐收其弊耳。建德新破孟海公，将骄卒惰。今我据武牢，扼其襟要，若贼恃盛，冒险争锋，吾当攻之必矣；贼若不战，旬日之间，王充自溃，彼败我振，兵足以临之。一行两定，在于斯举。若不速进，贼入武牢，诸城新附，必不能守，二贼并力，将若之何？』秦府记室薛收进曰：『王充据东都，府库填积，所患者在于乏食，是以为我所持。建德总十余万众，来拒王师，亦当尽彼骁雄，期于速战。若纵其两寇相连，转河北之积以相资给，则伊、洛间战斗不已。大王今欲亲率猛锐，先据成皋之险，训兵坐甲，当彼疲弊之众，一战必克。建德破，则王充自下，不过数旬，二国之君，可面缚麾下。萧瑀等奈何遂请退兵！』太宗曰：『善。』而从之。留齐王元吉围王充，亲率三千五百人趋武牢，守之不与战，相持二十余日。五月，建德谋伺官军刍尽，牧马于河北，必将袭武牢。太宗闻之，遂牧马千余匹于河渚间以诱之。诘朝，建德果悉众而至，阵于汜水东。太宗候其阵久卒饥，令宇文士及率骑经贼阵之西，驰而南上，贼阵动，因而诸军奋击之，大溃，竟如太宗本策。

十六国后凉吕光遣二子绍、纂伐段业，南凉秃发乌孤遣其弟鹿孤及杨轨救业。绍以业等军盛，欲从三门关挟山而东。纂曰：『挟山示弱，取败之道，不如结阵冲之，彼必惮我而不战也。』绍乃引军而南。业将击之，其将沮渠蒙逊谏曰：『杨轨恃虏骑之强，有窥觎之志。绍、纂兵在死地，必决战求生。不战则有太山之安，战则有累卵之危。』业曰：『卿言是也。』乃按兵不战。绍亦难之，各引兵归。

梁将陈庆之守涡阳城，与后魏军相持，自春至冬，数十百战，师老气衰，魏之援兵复欲筑垒于军后，诸将恐腹背受敌，

议退师。庆之曰：『共来至此，涉历一岁，靡费粮仗，其数极多，诸君并无斗心，皆谋退缩，岂是欲立功名，直聚为抄暴耳。吾闻置兵死地，乃可求生。须虏围合，然后与战，必捷。』诸将壮其计，从之。魏人掎角作十三城，庆之衔枚夜出，陷其四垒。所余九城，兵甲犹盛，乃陈其俘馘，鼓吹而攻，遂大奔溃，斩获略尽矣。

后魏末，齐神武兴义兵于河北，时尔朱兆等四将兵马号二十万，夹洹水而军。时神武士马不满三万，以众寡不敌，遂于韩陵山为圆阵，系牛驴以塞道，于是将士皆死战，四面奋击，大破之。

南齐北豫州刺史司马消难请降，后周将杨忠与柱国达奚武援之。于是共率骑士五千，人各兼马一匹，从间道驰入齐境五百里。前后遣三使报消难，而皆不返命。去北豫州三十里，武疑有变，欲还。忠曰：『有进死，无退生。』独以千骑夜趣城下，四面峭绝，徒闻击柝之声。武亲来，麾数百骑以西。忠勒余骑不动，候门开而入，乃驰遣召武。时齐镇城将伏敌远勒甲士二千人据东陴，举烽严警。武惮之，不欲保城，乃多取财帛，以消难及其属先归。忠以三千骑为殿，到洛南，皆解鞍而卧。齐众来追，至于洛北。忠谓将士曰：『但饱食。今在死地，贼必不敢渡水以当吾锋。』食毕，齐兵佯若渡水，忠驰将击之，齐兵不敢逼，遂徐引而还。

故兵有走者，有弛者，有陷者，有崩者，有乱者，有北者。凡此六者，非天之灾，将之过也。夫势均，以一击十，曰走；卒强吏弱，曰弛；吏强卒弱，曰陷；大吏怒而不服，遇敌怼而自战，将不知其能，曰崩；将弱不严，教道不明，吏卒无常，陈兵纵横，曰乱；将不能料敌，以少合众，以弱击强，兵无选锋，曰北。凡此六者，败之道也，将之至任，不可不察也。

注释

凡此六者，非天之灾，将之过也：武经本、樱田本『非天之灾』作非土地之灾』。天：古人以天为万物主宰者。《书·泰誓上》：『天佑下民，作之君，作之师。』《论语·八佾》：『获罪于天，无所祷也。』《左传·宣公四年》：『君，天也，天可逃乎？』韩愈《元和圣德诗》：『天锡皇帝，为天下主。』或指命运，天意。《孟子·梁惠王下》：『吾之不遇鲁侯，天也。』韩愈《送湖南李正宗序》：『离十三年，幸而集处得燕而举一觞相属，此天也，非人力也。』过：过失，错误。《书·大禹谟》：『宥过无大，刑故无小。』《颜氏家训·治家》：『笞怒废于家，则竖子之过立见。』司马光《驾部员外郎司马府君墓志铭》：『子孙仆役有过，徐训谕之，不轻辱骂。』黄宗羲《子刘子行状下》：『有过，非过也。过而不改，是谓过矣。』张预曰：『凡此六败，咎在人事。』

夫势均，以一击十，曰走：曹操曰：『不料力也。』李筌曰：『不量力也。若得形便之地，用奇伏之计，则可矣。』走：逃跑逃奔。《左传·定公十年》：『魋惧，将走，公闭门而泣之，目尽肿。』《孟子·梁惠王上》：『王好战，请以战喻：填然鼓之，兵刃既接，弃甲曳兵而走。』《史记·伍子胥列传》：『昭王出亡，入云梦，盗击王，王走郧。』韩愈《元和圣德诗》：『八月壬午，辟弃城走，载妻与妾，包裹稚乳。』

卒强吏弱，曰弛：《长短经·练士》所引『吏』作『将』。曹操曰：『吏不能统卒，故弛坏。』张预曰：『士卒豪悍，将吏懦弱，不能统辖约束，故军政弛坏。』弛：松懈，放纵，松弛。《商君书·靳令》：『物多末众，农弛奸胜，则国必削。』嵇康《与山巨源绝交书》：『吾不如嗣宗之贤，而有慢弛之阙。』韩愈《送孟东野序》：『其辞淫以哀，其志弛以肆。』吏强卒弱，曰陷：曹操曰：『吏强欲进，卒弱，辄陷败也。』李筌曰：『陷，败也。卒弱不一，则难以为战，是以强陷也。』陷：

覆没，陷落。《左传·宣公十二年》：「彘子以偏师陷，子罪大矣。」

大吏怒而不服，遇敌怼而自战，将不知其能，曰崩：对于此句有不同的理解。一说为内部不团结必崩。曹操曰：「大吏，小将也。大将怒之，心不压服，忿而赴敌，不量轻重，则必崩坏。」张预曰：「大凡百将一心，三军同力，则能胜敌。今小将恚怒，而不服于大将之令，意欲俱败，逢敌便战，不量能否，故必崩覆。」一说将为敌所怒而失去理智不能正确衡量敌我力量对比则必崩。李筌曰：「将为敌所怒，不料强弱，驱士卒如命者，必崩坏。」一说为内部管理失序必崩。贾林曰：「大吏小将不想压伏，崩坏之道。将又不量己之能否，不知卒之勇怯，强与敌斗，自取贼害，岂非自上而崩乎？」以文意观之，以曹、张之说为善。大吏：指部将。曹操曰：「大吏，小将也。」怼：怨恨。《左传·僖公二十四年》：「其母曰：'盍亦求之？以死，谁怼？'」杨伯峻注：「怼音坠，怨也。」《孟子·万章上》：「如告，则废人之大伦，以怼父母，是以不告也。」崩：溃散，溃败。《战国策·魏策一》：「夫使士卒不崩，直而不倚，挠拣而不辟者，此吴起余教也，臣不能为也。」《水经注·大辽水》：「乘其不整，纵兵击之，虏众大崩。」

将弱不严，教道不明，吏卒无常，陈兵纵横，曰乱：《御览》卷二七二所引「将弱不严」作「将弱而严」。曹操曰：「为将若此，乱之道也。」李筌曰：「将或有一于此，乱之道也。」教导：指教训引导。《礼记·月令》：「（仲冬之月）山林薮泽，有能取蔬食、田猎禽兽者，野虞教道之。」《汉书·郑崇传》：「朕幼而孤，皇太太后躬自养育，免于襁褓，教道以礼，至于成人，惠泽茂焉。」颜师古注：「道读曰导。」无常：变化不定。《易·干》：「子曰：'上下无常，非为邪也。'」孔颖达疏：「上而欲跃，下而欲退，是无常也。」这里指缺少法度，上下关系失序。纵横：杂乱貌。孟郊《吊国殇》诗：「徒言人最灵，白骨乱纵横。」宋延寿《万善同归集》卷六：「心空则一道清净，心有则万境纵横。」纪昀《阅微草堂笔记·滦

阳消夏录四》：「几上设色小碟，纵横狼藉。」乱：无秩序，混乱。《逸周书·武称》：「岠崄伐夷，并小夺乱。」朱右曾校释：「百事失纪曰乱。」《汉书·项籍传》：「（羽）乃自刭。王翳取其头，乱相轹蹈争羽相杀者数十人。」王通《中说·王道》：「制理者参而不一乎，陈事者乱而无绪乎？」韩愈《南山诗》：「或乱若抽笋，或嵲若注炙。」

将不能料敌，以少合众，以弱击强，兵无选锋，曰北：《御览》卷二七二所引「将不能料敌」作「将能料敌」。曹操曰：「其势若此，必走之兵也。」李筌曰：「军败曰北，不料敌也。」料敌：分析敌情。合：交战，抵御。选锋：指挑选精锐的士兵组成的突击队。《六韬·武锋》：「凡用兵之要，必有武车、骁骑、驰阵、选锋。」岳飞《奏颍昌捷状》：「贵遂令踏白军统制董先、选锋军副统制胡清守城。」《明史·戚继光传》：「又置辎重营随其后，而以南兵为选锋，入卫兵主策应，本镇兵专戍守。」北：败，败逃。《左传·桓公九年》：「斗廉衡陈其师于巴师之中，以战，而北。」《史记·廉颇蔺相如列传》：「匈奴小入，详北不胜，以数千人委之。」

凡此六者，败之道也：《御览》卷二七二所引「败之道」作「胜败之道」。陈皞注对这六种致败的原因总结说：「一曰不量众寡，二曰本乏刑德，三曰失于训练，四曰非理兴怒，五曰法令不行，六曰不择骁果，此名六败也。」

译文

军队致败有「走」、「弛」、「陷」、「崩」、「乱」、「北」六种情况。这六种情况都不是上天降下的灾难，而完全是将帅自身的过错所导致的。在双方地势均同的情况下却以一击十而导致失败的，叫做「走」。士卒强悍而军官懦弱而导致失败的，叫做「弛」。将帅强悍而士卒懦弱而导致失败的，叫做「陷」。偏将怨怒，不服从指挥，遇到敌人擅自愤然出战，主将又不了解他们能力而采取措施，从而导致失败的，叫做「崩」。将帅懦弱缺乏威严，教导训练没有章法，官兵关系混乱失序，列兵布阵杂乱无章，从此而导致失败的，叫做「乱」。将帅不能正确地判断敌情，却以少击众，以弱击强，作战又没有精锐的先锋

部队，从而导致失败的，叫做『北』。以上这六种情况，都是军事行动导致失败的原因。掌握这些基本原则是将帅最重要的责任，不可不认真加以考察研究。

评点 孙子十分重视将领的能力素质和为将之道，十三篇中几乎篇篇都有与此相关的内容。在这一节中，孙子又对将领可能出现的六种致败因素做出了分析，从而从反面证明了将领素质对于军事行动胜负的决定性意义。

在相传为诸葛亮所著的《将苑》中，对将领素质和为将之道进行了详尽的论述。其中的《将材》、《将器》、《将弊》、《将善》、《将志》、《将刚》、《将骄吝》、《将强》等诸篇，从正反各个角度对将领素质进行了全面的分析。《将材》中根据素质不同把将领分为九种，说：『夫将材有九：道之以德，齐之以礼，而知其饥寒，察其劳苦，此之谓仁将；事无苟免，不为利挠，有死之荣，无生之辱，此之谓义将；贵而不骄，胜而不恃，贤而能下，刚而能忍，此之谓礼将；奇变莫测，动应多端，转祸为福，临危制胜，此之谓智将；进有厚赏，退有严刑，赏不逾时，刑不择贵，此之谓信将；足轻戎马，气盖千夫，善固疆埸，长于剑戟，此之谓步将；登高履险，驰射如飞，进则先行，退则后殿，此之谓骑将；气凌三军，志轻强虏，怯于小战，勇于大敌，此之谓猛将；见贤若不及，从谏如顺流，宽而能刚，勇而多计，此之谓大将。』意思是说，根据将帅的不同才干，可以把将帅分为九种类型：一是能够用自己的德行教育部下，用礼法规范部下的行动，关怀部下的寒暖，体察部下的劳苦，这种将帅是仁将。二是做事能不只为了眼前消灾去难，还有长远打算，一丝不苟，不被利益所诱惑，宁愿为荣誉而献身，也不屈辱求生，这样的将帅是义将。三是身居高位却不盛气凌人，功绩卓著又不骄傲自大，有贤德而不清高，能够谦让比自己地位低的人，个性刚直又能包容他人，这样的将帅是礼将。四是运用战术高深莫测，足智多谋，身处逆境时能转祸为福，面临危险时能逢凶化吉，这样的将帅是智将。五是赏罚分明，能对有功之人以重赏，对有过之人以重罚，奖赏从不拖延，惩罚时不看对方的地位，

这样的将帅是信将。六是身手矫捷，冲锋陷阵时勇往直前，斗志昂扬，千夫莫当，武艺精通，擅长各种兵器的使用，能够保卫国家，这样的将帅是步将。七是能攀高山，走险地，驰马如风，进攻时身先士卒，锐不可挡，撤退时在队伍后面抵挡敌兵，掩护他人，这样的将帅是骑将。八是气盖三军，所向无敌，对小的战役小心谨慎从不马虎，面对强大的敌人则更加勇猛，这样的将帅是猛将。九是遇见贤者虚心请教，对别人的意见从谏如流，能广开言路，待人宽厚又不失刚直，勇敢果断又富于计谋，这样的将帅是大将。

因此，人才在我国古代一直被一些明智的政治家和战略家所重视。《战国策·秦策》记载了一段姚贾的话，虽然其所说的不只是军事人才，但也可以反映出这种观念。姚贾说：『太公望，齐之逐夫，朝歌之废屠，子良之逐臣，棘津之庸不雠，文王用之而王。管仲，其鄙人之贾人也，南阳之弊幽，鲁之免囚，桓公用之而伯。百里奚，虞之乞人，传卖以五羊之皮，穆公相之而朝西戎。文公用中山盗，而胜于城濮。此四士者，皆有诟丑，大诽于天下，明主用之，知其可与立功。使若卞随、务光、申屠狄，人主岂得其用哉！故明主不取其污，不听其非，察其为己用。故可以存社稷者，虽有外诽者不听；虽有高世之名，无咫尺之功者不赏。是以群臣莫敢以虚愿望于上。』

夫地形者，兵之助也。料敌制胜，计险阨远近，上将之道也。知此而用战者必胜，不知此而用战者必败。故战道必胜，主曰无战，必战可也；战道不胜，主曰必战，无战可也。故进不求名，退不避罪，唯人是保，而利合于主，国之宝也。

注释

料敌制胜，计险阨远近，上将之道也：《通典》卷一五〇、《御览》卷二九〇所引此句前有『夫』字，『计险阨』作『计极险易利害』。阨：指险阻之处，险要之地。《吴子·应变》：『避之于易，邀之于阨。』上将：贤能之将，这里指主将，统帅。《吕氏春秋·简选》：『令能将将之。』高诱注：『能将，上将。』《抱朴子·清鉴》：『咸谓勇力绝伦者，则上将之器；治闻治乱者，则三九之才也。』王安石《次韵元厚之平戎庆捷》：『投戈更讲诸儒艺，免胄争趋上将风。』知此而用战者必胜，不知此而用战者必败：用战：指挥战争。张预曰：『既知敌情，又知地利，以战则胜，俱不知之，以战即败。』

故战道必胜，主曰无战，必战可也：战道：战争的规律。《司马法·仁本》：『战道，不违时，不历民病，所以爱吾民也。』主：指君主，国君。可：是，对。《韩非子·南面》：『然则古之无变，常之毋易，在常古之可与不可。』王安石《云山诗送正之》：『子今去此来无时，予有不可谁予规。』李筌曰：『得战胜之道，必可战也；失战胜之道，必无战可也。立主人者，发其行也。』唯人是保：武经本、樱田本『人』作『民』。保：保全。

而利合于主，国之宝也：武经本无『合』字，汉简本『宝』作『葆』。合：同，相同，一致。《易·干》：『夫大人者，与天地合其德，与日月合其明，与四时合其序，与鬼神合其吉凶。』《韩非子·奸劫弑臣》：『夫取舍合而相与逆者，未尝闻也。』陈奇猷集释：『合犹同也。』一说符合，适合。同《九地篇》：『合于利而动，不合于利而止。』《新唐书·沈传师传》：『慎重刑法，每断狱，召幕府平处，轻重尽合乃论决。』王安石《范增》诗之二：『谁合军中称亚父，直须推让外黄儿。』李筌曰：『进退皆保人，非为身也。』杜牧曰：『进不求战胜之名，退不避违命之罪也，如此之将，国之珍宝，言其少得也。』

译文

地形是用兵作战的辅助条件。正确判断敌情，制定制胜方案，考察地形的险易及远近，这是主帅必须掌握的方法。懂得这些道理而去指挥作战的，必定能够取得胜利；不懂这些道理就去指挥作战的，必定要遭到失败。因此，根据战争规律分析有必胜把握的情况下，即使国君主张不战，主将按照自己的判断打也可以；根据战争规律分析没有必胜把握的，即使国君主张战，主帅不打也可以。所以，前进不谋求名声，后退不害怕受罚，只是一心以保全百姓和符合国君利益为考虑问题的出发点，这样的将帅才是国家难得的宝贵财富啊！

评点

一个优秀的军事指挥员既要具有较高的素质，又要有临时决断的气魄和敢于承担责任的勇气。这样才能抓住战机，争取主动，取得军事行动的胜利。

西汉时候，汉文帝曾经慨叹：『吾独不得廉颇、李牧时为吾将，吾岂忧匈奴哉！』意思是说，我为什么偏偏得不到廉颇、李牧这样的人做将领，如果有这样的将领，我难道还忧虑匈奴吗？冯唐听了这话，却毫不留情面地说：『陛下虽得廉颇、李牧，弗能用也。』汉文帝被当众驳了面子，非常生气，但终究还是忧虑匈奴的事，于是又问冯唐曰：『您怎么知道我不能任用廉颇、李牧呢？』冯唐回答说：『臣闻上古王者之遣将也，跪而推毂，曰阃以内者，寡人制之；阃以外者，将军制之。军功爵赏皆决于外，归而奏之。此非虚言也。臣大父言，李牧为赵将居边，军市之租皆自用飨士，赏赐决于外，不从中扰也。委任而责成功，故李牧乃得尽其智能，遣选车千三百乘，彀骑万三千，百金之士十万，是以北逐单于，破东胡，灭澹林，西抑强秦，南支韩、魏。当是之时，赵几霸。』冯唐回答说，古时候君王派遣将军时，都跪下来推着车毂说，国门以内的事我决断，国门以外的事，由将军裁定。所有军队中因功封爵奖赏的事，都由将军在外决定，归来再奏报朝廷。这不是虚夸之言呀。曾经与李牧一起共事的我的祖父说，李牧在赵国边境统率军队时，把征收的税金自行用来犒赏部下。赏赐由将军在外决定，朝廷不从中干预。君王交给他重任，而要求他成功，所以李牧才能够充分发挥才智。派遣精选的兵车一千三百辆，善于骑射的士

兵一万三千人，能够建树功勋的士兵十万人，因此能够在北面驱逐单于，大破东胡，消灭澹林，在西面抑制强秦，在南面支援韩、魏。在这时，赵国几乎成为霸主。文帝听了冯唐的话，非常受启发。『是日令冯唐持节赦魏尚，复以为云中守，而拜唐为车骑都尉，主中尉及郡国车士。』（《史记·张释之冯唐列传》）

君主要给将领自主决断的权力，在关键的时刻，将领也要敢于顶住来自上面的压力，贯彻执行自己正确的决策。

太平天国起义爆发后，曾国藩请命回湖南老家组建湘军，以剿灭起义的烽火。湘军初建时，水陆两军加一起只有一万余人，曾国藩为了积蓄力量，壮大实力，曾经数次对抗清廷要求他出兵的圣旨，拒不出兵。

1853年以后，在太平军迅速发展的形势下，虽然湘军船炮未齐，兵勇未精，咸丰皇帝就接连发来征调的谕旨。第一次是太平天国西征军进至蕲、黄一带，武汉告急，清廷下令曾国藩率炮船增援湖北；第二次是同年12月，太平军进攻庐州，清廷令曾国藩督带船炮兵勇速赴安徽救援；第三次是次年2月，太平军袭破清军黄州大营，清廷再次催促曾国藩赴援武汉。曾国藩深知，没有一支得力的炮船和熟练的水勇，是无法与风头正盛的太平军相抗衡的。因而，他打定主意：船要精工良木，坚固耐用；炮要不惜重金，全购洋炮。船炮不齐，决不出征。他一再申明，『剑戟不利不可以断割，毛羽不丰不可以高飞』。『此次募勇成军以出，要须卧薪尝胆，勤操苦练，养成艰难百战之卒，预为东征不归之计。若草率从事，驱不教之士……行三千里之远，以当虎狼百万之贼，未与交锋而军士之气固已馁矣。……庶与此剧贼一决死战，断不敢招集乌合，仓卒成行，又蹈六月援江之故辙。虽蒙糜饷之讥，获逗留之咎，亦不敢辞』。

曾国藩多次抗命的行为引起朝廷强烈的不满，当他在奏折中处处以四省合防为由，声言『事势所在，关系至重，有不能草草一出者』时，咸丰皇帝在奏折上批道：『今览你的奏章，简直以为数省军务一身承当，试问汝之才力能乎否乎？平日矜

诩自夸，以为天下人才没有超过自己的，及至临事，果能尽符其言甚好，若稍涉张惶，岂不贻笑于天下！』咸丰皇帝再次催促他『赶紧赴援』，对曾国藩说：『你能自担重任，当然不能与畏葸者比，言既出诸你口，必须尽如所言，办与朕看。』尽管皇帝措辞如此严厉，但曾国藩接到谕旨后，仍然拒绝出征，而是一再向朝廷陈明自己的打算。他在奏折中陈述了船炮未备、兵勇不齐的情况之后，激昂慷慨地表示：『臣自知才智浅薄，惟有愚诚不敢避死而已，至于成败利钝，一无可恃。皇上如果责臣以成效，则臣惶悚无地，与其将来毫无功绩受大言欺君之罪，不如此时据实陈明受畏葸不前之罪。』『臣不娴习武事，既不能在籍服丧守孝贻讥于士林，又复以大言偾事贻笑于天下，臣亦何颜自立于天地之间乎！每到夜间焦思愁闷，只有痛哭而已。为臣请皇上垂鉴，怜臣之进退两难，诫臣以敬慎，不遽责臣以成效。臣自当殚尽血诚，断不敢妄自矜诩，亦不敢稍涉退缩。』看了奏折，咸丰皇帝终于明白了他的一片苦心，从此不再对其催促，并以『朱批』安慰他说：『成败利钝固不可逆睹，然汝之心可质天日，非独朕知。』

视卒如婴儿，故可与之赴深溪；视卒如爱子，故可与之俱死。厚而不能使，爱而不能令，乱而不能治，譬若骄子，不可用也。

注释

视卒如婴儿，故可与之赴深溪：《通典》卷一五二所引此句及下句均无『故』字。视：看待，对待。《左传·成公三年》：『贾人如晋，荀莹善视之。』赴：投入，跳进。《楚辞·渔父》：『宁赴湘流，葬入江鱼之腹中。』《吕氏春秋·知分》：『于是赴江刺蛟，杀之而复上船。』高诱注：『赴，入也。』《乐府诗集·杂曲歌辞十三·焦仲卿妻》：『揽裙脱丝履，举身赴清池。』陆游《老学庵笔记》卷二：『又尝醉赴汴水，适遇客舟，救之获免。』赴深溪：喻到极危险的地方去。李筌曰：『若抚之如此，

视卒如婴儿，故可与之赴深溪；视卒如爱子，故可与之俱死。厚而不能使，爱而不能令，乱而不能治，譬若骄子，不可用也。

得其死力也。故楚子一言，三军之士皆如挟纩也。」

厚而不能使，爱而不能令，乱而不能治：武经本、樱田本「厚」和「爱」互倒，《长短经·禁令》、《御览》卷二八〇、二九六所引「治」作「理」。厚：厚待，优待。《管子·小问》：「假而礼之，厚而勿欺，则天下之士至矣。」《颜氏家训·教子》：「有偏宠者，虽欲以厚之，更所以祸之。」《资治通鉴·后晋高祖天福三年》：「凤翔节度使李从曮，厚文士而薄武人，爱农民而严士卒，由是将士怨之。」令：教育。治：整治，整理。《左传·文公六年》：「治旧洿，本秩礼，续常职，出滞淹。」孔颖达疏：「法有不便于民，事有不利于国，是为政之洿秽也，理治改正使絜清也。」《新五代史·杂传三·雷满》：「（雷满）取器嬉水上，久之乃出，治衣复坐，意气自若。」

譬若骄子，不可用也：《通典》卷一四九所引「譬若」作「譬如」。譬若：譬如，像……一样。《逸周书·皇门》：「譬若畋犬，骄用逐禽，其犹不克有获。」《史记·魏公子列传》：「公子喜士，名闻天下。今有难，无他端而欲赴秦军，譬若以肉投馁虎，何功之有哉？」骄子：娇贵、宠爱之子。骄，通「娇」。叶适《绩溪县新开塘记》：「故为之买田掘之，又为之买楗桩木石与之，如父母待骄子然。」曹操曰：「恩不可专用，罚不可独任；若骄子之喜怒对目，还害而不可用也。」李筌曰：「虽厚爱人，不令如骄子者，有勃逆之心，不可用也。」

译文 对待士卒像对待婴儿一样细致，那么士卒就可以同将帅赴汤蹈火；对待士卒像对待自己最疼爱的儿子一样关心，士卒就可以跟将帅同生共死。如果对士卒只能厚待而不能使用，只会溺爱却不懂教育，士卒有乱行而不能治理，那士卒将如同宠爱坏了的子女一样，也是不堪使用的。

评点 孙子的这段论述，充分地体现了中国传统文化中「君人者制仁」的思想精髓。《六韬》中说：「敌其众，合其亲。

敌其众则和，合其亲则喜，是谓仁义之纪。」一个人，要想成就一番事业，不仅要有过人的胆识，宽广仁慈的胸怀也是不可少的，一个没有仁爱之心的人，肯定只能成为一个「孤家寡人」，根本不可能做成什么大事业。这一点无论在军事斗争领域还是社会生活和人际交往的其它领域，同样适用。

宋哲宗元佑年间，苏轼出任钱塘（今杭州）的地方官。上任不久，掌管地方税务的官吏抓来一个人，是南剑州的举子吴味道。此人携带着两大卷物品，冒用苏东坡的名衔密封，上面写有「送京师苏侍郎宅」（苏侍郎即苏轼的弟弟苏辙，时任职门下侍郎。）。显然是为了逃税。

苏轼把吴味道叫到跟前，问卷内是何物。

吴味道惶恐地上前说道：「我今年秋天有幸得到推荐成为乡贡进士，同乡凑集了十万钱送给我，作为赴京师的路费。我用了其中的一部分钱买了200匹建阳薄丝。但是考虑到沿途所有的地方都要抽税，到京城时恐怕剩不到一半了。于是私下想：当今天下名望最高、并且喜欢提携奖掖读书人的，只有先生您和苏侍郎了。即使这件事情败露了，也一定会得到宽恕。因此我就假借先生的名衔，封好了货物往京城而来。没想到先生您已经先来到这里任职，真是罪责难逃。」

苏轼仔细打量了一会儿，笑着叫来掌管文书的官吏，把旧封除去，另题自己的新官衔，附上「送至东京竹竿巷」苏辙处字样的字条，并亲自给弟弟写了封书信，一同交给吴味道，让他带到京城去。

第二年，吴味道考中进士，特地回来向苏轼表示感谢。苏轼很高兴，两人成了至交。

吴味道进京赶考，冒充苏轼之名携带物品以图逃税，按律本当问罪，但苏轼了解举子的艰辛，不但没有处罚他，反而真心地对他提供了帮助。吴味道考中之后，自然不会忘记苏轼的恩惠。苏轼是出于同情才这样做的，但客观上又多了一个官场

融其实也，诚莫于一言，三年之士望而其实也。」

厚而不能使，爱而不能令，乱而不能治：先秦本、魏田本「厚」作「宽」，可通。《太平御览·将令》、《通典》卷二八〇、二九六所引「厚」亦「宽」。厚：厚待，优待。《管子·小问》：「厚而必使，则天下之士至矣。」《淮南子·兵略》：……《资治通鉴·后晋高祖天福三年》：……厚文士而蓄死人，爱之其而罚士卒，由是将士愿之。」令：使，命令。治：管理。《左传·文公六年》：「治旧洿，本秩礼，续常职，出滞淹。」乱：违法乱纪。……《新五代史·杂传三·曹翰》：……

譬若骄子，不可用也：《通典》卷一四九所引「譬若」作「譬如」。譬若：譬如，好像……一样。……《史记·魏公子列传》：「公子喜士，名闻天下。今有难，无他端而欲赴秦军，譬若以肉投馁虎，何功之有哉？」骄子：骄纵、娇惯之子。骄，通「娇」。……曹操曰：「恩不可专用，罚不可独任，若骄子之喜怒对目，还害而不可用也。」李筌曰：「厚而宠爱，不令以教，如父母溺爱，不可用也。」

译文 对待士卒像对待婴儿一样细致，那么士卒就可以同将帅共赴深渊；对待士卒像对待自己最疼爱的儿子一样关心，士卒就可以跟将帅同生共死。如果对士卒只能厚待而不能使用，只会溺爱却不能教育，士卒有乱行而不能治理，那士卒就如同家被宠坏了的孩子一样，也是不堪使用的。

评析 孙子的这段论述，充分体现了中国传统文化中「仁者爱人」的思想精髓。《六韬》中说：「遂其众，合其亲。

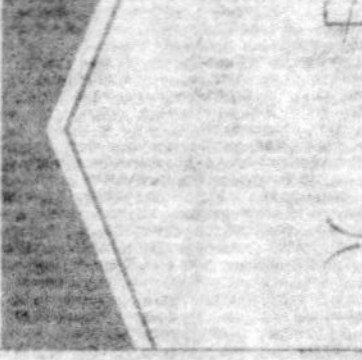

遂其众则和，合其亲则喜，是谓仁义之纪。」一个人，要想成就一番事业，不仅要有过人的胆识，宽广的胸怀也是不可少的。一个没有仁爱之心的人，肯定只能成为一个「孤家寡人」，根本不可能成就什么大事业。这一点无论在军事斗争领域还是社会生活和人际交往的其它领域，同样适用。

宋哲宗元祐年间，苏轼出任杭州（今浙江）的地方官。上任不久，掌管税务的官吏抓来一个人，是南剑州的举子吴保道。此人携带着两大卷物品，冒用苏东坡的名衔密封，上面写着「送京师苏侍郎宅」（苏轼弟弟苏辙，时任职门下侍郎。），显然是为了逃税。

苏轼叫来吴保道问明原由，问他为何这么做。

吴保道惭愧地禀告说：「我今年秋天有幸获得乡试荐送，成为贡生，同乡凑集了十匹细布给我，作为我去京城的路费，我用了其中的一部分钱买了500匹纱装运。向来苦于沿途的税官收税，到京城时恐怕剩不到一半了。于是我想：当今天下名望最高，并且喜欢奖掖提携读书人的，只有苏先生和苏侍郎了。即使这件事情被发觉了，也一定会得到宽恕。因此我就冒用先生的名衔，封裹了货物送往京城来。没想到先生您已经先来到这里任职，真是罪责难逃。」

苏轼听后笑了一会儿，又让属吏揭去了旧封条，另用自己的手笔写上「送至东京竹竿巷」苏辙收字样的字条，并亲自给苏辙写了封书信，一同交给吴保道，让他带往京城去。

第二年，吴保道考中进士，特地回来向苏轼表示感谢，苏轼很高兴，两人成了至交。

吴保道赴京赶考，冒用苏轼之名携带物品以图逃税，按理本当问罪，可苏轼了解举子的艰辛，不但没有怪罪他，反而真心地对他提供了帮助。吴保道考中之后，自然不会忘记苏轼的恩惠。苏轼是出于同情才这样做的，但客观上又多了一个官场上的好朋友。

苏轼的这种同情，体现的就是我国传统儒家思想的核心——『仁』。

孔子说：『仁者爱人』。他认为，『仁』就是人们道德修养的最高境界。在儒家思想中，崇尚道义、富有远见卓识和同情心、行为高尚的人，就可以被称为『君子』。相反，唯利是图、目光短浅、行为卑下的人，则被看作是『小人』。君子是人人都愿意结交的，而对于小人，人们则往往唯恐避之不及，更不用说得到别人的支持和帮助，或者作为一个理想的合作伙伴了。

行仁义之道，看作所说的『己欲立而立人，己欲达而达人』的做事原则有着一定的联系。一般说来，『己欲立而立人，己欲达而达人』能够体现出『仁』的指导思想，但『仁』比前者具有更加广泛的含义。不论是『己欲立』、『己欲达』，还是『己所不欲』，都有着从自身考虑的直接的功利目的包含在内，即为了满足实现『己立』、『己达』或者避免『己所不欲』。而『仁』却通常不包含明确的直接目的，仅仅是出于自己的同情、恻隐等内在美德。同样，能够经常实行『仁』道的人所得到的回报，也不止仅仅表现在一两件具体的事情上。

当然，以『仁』心对待别人虽然没有直接的目的，并不意味着它就是毫无目的的。相反，有时候，仁慈的背后可以隐藏更长远、更大的目标。

据《管子》记载：齐桓公乐意帮助天下的诸侯。鲁国的庄公夫人和庆父作乱，两个国君都被杀了，没有了后代。桓公知道后，马上派高子保全了鲁国，使鲁国正常的生产生活秩序重新建立起来。鲁国人非常感激齐桓公，带着美玉来拜见他，并自己请求以鲁国作为齐国的附庸，桓公没有同意。北方的少数民族攻伐邢国和卫国，并占领了他们的土地，齐桓公就修筑了夷仪城和楚丘城分别封赐给邢国和卫国。由于卫国的牲畜在战争中散失，桓公还送给卫国良马300匹。天下诸侯听说后，都称赞桓公仁义，愿意归服他，接受齐国的庇护。齐桓公因此而成为了春秋五霸之首。

仁义不仅表现在个人或者组织之间的交往中，有助于个人或者组织的长远目标的实现。而且还适用于组织内部，有利于协调内部的关系。在我国古代，把仁爱精神推及到政治领域，便是『仁政』。暴政失民，仁政得民，被认为是千古不易的真理。中国历史上，人民安定、政权稳固、生产繁荣、社会进步的所谓『盛世』，都是统治者推行宽松的『仁政』的结果，而国家灭亡则往往是由于统治者暴虐，不能以仁义治天下。史籍中这样的例子比比皆是，如『不务德而武伤百姓』以至于令『百姓弗堪』的夏桀，好酒淫乐、固执残暴的商纣，一意孤行、多行暴政逼得国人『道路以目』的周厉王，以及由于『仁义不施』而短命的秦王朝等。

当今的领导者，仍然可以从『君人者制仁』的谋略中得到启示。减轻被管理者或下级的负担，多体谅和同情他们，让他们真正体会到领导者的宽厚、仁义。只有从下级的切身利益考虑，关心他们的疾苦，才能充分调动他们的积极性，这是一个组织能够齐心协力实现计划目标的一个先决条件。

不论是对于平等的交往还是上下级的关系中，行仁义，都并非意味着一味退让和姑息纵容。对于平等交往中的仁义，如同孔子所说：『君子义以为质』，义是行为高尚、德性完美的君子的本质规定。所谓『义』，就是做适宜的事情，并不是没有是非原则，更不是只会说好话的『乡愿』行为。对于上下级关系中的仁义，北宋的思想家李觏有过精辟的论述。他说，所谓的仁义，并不是早晨行赦，晚上颁赏，姑息纵容。进贤退愚，惩恶扬善，征集赋税依据法度，征发徭役根据时节，人民各自都有稳定的职业，不缺少日常的用度，能够安居乐业并且愿意与上级亲近，这才是『仁义』的根本所在。

知吾卒之可以击，而不知敌之不可击，胜之半也；知敌之可击，而不知吾卒之不可以击，胜之半也；知敌之可击，知吾卒之可以击，而不知地形之不可以战，胜之半也。故知兵者，动而不迷，举而不穷。故曰：知彼知己，胜乃不殆；知天知地，胜乃不穷。

注释　知吾卒之可以击，而不知敌之不可击，胜之半也：《通典》卷一五〇、《御览》卷二九〇所引「可以击」作「可用以击之」，《御览》卷二九〇所引「知」作「敌」。根据所掌握的情况只知道自己的军队可以打而不知道敌人不可以打的，如果采取军事行动则可能成功也可能失败，没有必胜的把握。曹操、李筌曰：「胜之半者，未可知也」。

知敌之可击，而不知吾卒之不可以击：《通典》卷一五〇、《御览》卷二九〇所引「可击」作「可以击」，「不可以击」作「不可用以击」。知敌之可击，知吾卒之可以击：《通典》卷一五〇、《御览》卷二九〇所引「可击」作「可以击」，《通典》卷一五〇所引「可以击」作「可用以击」。

故知兵者，动而不迷，举而不穷：《通典》卷一五〇、《御览》卷二九〇所引「故知兵者」作「故曰知兵之将」，「穷」作「顿」。迷：迷惑，辨别不清。《易·坤》：「先迷后得，主利。」孔颖达疏：「凡有所为，若在物之先即迷惑，若在物之后即得。」《诗·小雅·节南山》：「天子是毗，俾民不迷。」郑玄笺：「使民无迷惑之忧。」举：兴起，发动。《史记·春申君列传》：「王又举甲而攻魏。」《汉书·项籍传》：「梁乃召故人所知豪吏，谕以所为，遂举吴中兵。」

知天知地，胜乃不穷：《长短经·天时》、《御览》卷三二二所引「知天知地」作「知地知天」，武经本、樱田本、《御览》卷三二二所引「不穷」均作「可全」。孙星衍认为应为「可全」。「举而不穷者，谓穷困也，此云胜，不可以穷言也。上文诸言胜之半也，故此云可全以足其义，所谓全胜。全字与天为韵。」《孙子校释》也认为作「可全」为善。「『全』较之于『穷』，韵读为善。又：孙子所崇尚的用兵最高境界为『全胜』，『胜乃可全』于义自较『胜乃不穷』为胜。」

译文　只知道自己的部队可以打，而不知道敌人不可以打，这样就没有胜利的把握；只知道敌人可以打，而不了解自己的部队不可以打，也没有胜利的把握；知道敌人可以打，也知道自己的部队可以打，但是不了解地形不利于我军作战，仍然没有胜利的把握。所以，真正懂得用兵的人，行动起来就不会迷惑，战术变化也不会穷尽。因此说：了解敌人也了解自己，胜利就永远不会落空；了解天时又了解地利，就可以无往而不胜。

评点　军事斗争中「知己知彼」非常重要，而了解和善于利用天时、地利等自然条件也是取胜的关键。兵家利用和借助天时和地利等自然条件的思想，给现实生活的启示就是，要善于利用各种外部条件以作为自己的辅助。

战国时期，中山君的两个妃子阴姬和江姬争着要做王后。司马喜对阴姬的父亲说：「如果您的女儿能够当上王后，那么您就可以得到封地，管理万民，拥有使天下人羡慕的富贵；如果争当王侯不能成功，恐怕您连性命也保不住呀。如果您想要阴姬办成这件事，为什么不让她来找我呢？」阴姬的父亲一听，连忙请他设法帮助阴姬当上王后，并答应他说：「事成之后，我要好好地报答您。」司马喜于是向中山君上书说：「我已得知削弱赵国、强大中山的办法。」中山君很高兴地接见他说：「我想听听你的高见。」司马喜说：「我需要先到赵国去，仔细观察那里的地理形势，险要的关塞，人民的贫富，君臣的好坏，敌我力量的对比，考察之后才能作为凭据，眼下还不能具体陈述。」于是，中山君派他到赵国去。司马喜到赵国去拜见赵王，对赵王说：「我听说赵国是音乐之邦，又是出产美女的地方。但这次我来到贵国考察，到了不少大都市，观赏人民的歌谣风俗，见过各种各样的人，却根本没有见到天姿国色的美女，更不用说像我们中山国阴姬那样的绝色美人了。我周游各地，无所不至，

从没有见过像她那样漂亮的女子。不知道的，还以为是仙女下凡。她的艳丽用言语简直无法描画，她的容貌姿色实在非一般的美女所能比，至于说她的眉眼、鼻子、脸蛋、额角，以及头形和天庭的骨相，那真是帝王之后，绝不是一般诸侯的嫔妃。』赵王的心早已被他说动了，连忙问：『我希望能得到她，怎么样？』司马喜说：『我私底下看她那么漂亮，嘴里就忍不住地说出来了。您如果要想得到她，这可不是我敢随便作主的，希望大王不要把我说的话泄露出去。』司马喜告辞而去，回来向中山君报告说：『赵王不是个贤明的君主。他不喜欢修养道德，却追求淫声美色；不喜欢仁德礼义，却追求勇武暴力。我听说他竟然还在打阴姬的主意呢！』中山君听后脸色大变，很不高兴。司马喜接着说道：『现在赵国比我们强大，他要得到阴姬，大王如果不答应，那么国家就有危险；大王若是同意，不免又要被诸侯们耻笑。』中山君问：『那该怎么办才好呢？』司马喜说：『现在只有一个办法可想，就是大王马上立阴姬为后，以此断了赵王的念头。世上还没有要人王后的道理。即使他想来要，邻国也不会答应。』中山君于是立阴姬为王后，赵王也就没有再提娶阴姬的事了。阴姬当上王后以后，为了报答司马喜，在她的枕头风的协助下，司马喜不久坐上了相国之位。

司马喜的成功，就在于他善于借助外部条件。他先借助赵国的力量帮助阴姬当上王后，然后再借用王后的力量登上相辅的宝座，最终达到自己的目的。

赵国末期伟大的思想家荀子说：我经常踮起脚来眺望，可是不如登上高山看得开阔；登上高处招手，我的胳膊并没有加长，但在很远处的人也看得见我；顺风召唤，声音并没有提高，可是人们所听到的格外清楚；驾着车马出门远行，虽然自己的双脚并不比别人的快，可是能够到达千里之外；乘船出游，虽然自己并没有好水性，可是能够渡江过海。君子并不是天性与一般人不同，不过在于善于利用外部的客观事物而已。在这里，荀子通过形象的比喻说明了一个道理：人们学习和做事离不开主客观条件的限制。一个人要善于利用外部条件，这样可以收到事半功倍的效果。

在生物界常常有这样的现象，一些弱小的生命常常会凭借外部的力量来保全自己。《吕氏春秋》中记载了两种动物：一种名叫蹶，它的前腿像老鼠一样短，后腿像兔子一样长，走快了就绊脚，跑起来就要跌倒；一种野兽名叫蛩蛩距虚，腿脚利落，跑得很快。为了获得蛩蛩距虚的帮助，蹶常常采新鲜美味的草给蛩蛩距虚吃。当蹶遇到祸患时，蛩蛩距虚一定会背着它一起逃跑。

苍鹰虽然有一双善于飞翔的翅膀，但它如果想在天空中自由翱翔，还必须依靠空气的支持才能升上天空。所以说，在一定的情形下，借助有利的外部条件是至关重要的。在现实生活中，恰当地分析各种条件并且有效地利用各种条件，对于事业的成功来说，都是非常重要的。

在人际交往和做事情的过程中，借助外部力量更多地表现为借助他人的帮助。

北宋时，丁谓被贬到边远的崖州。为了重新获得皇上的起用，他想，首先必须向皇上表明自己的忠诚与心意。但是，在当时的情形之下，谁又愿意替他这个罪人送信给皇上呢？冥思苦想了很长时间，丁谓终于想出了一个主意。他挥动生花妙笔，写了一封家书，派人交给洛阳太守刘烨，请求刘烨转交给自己的家人。临行前，丁谓特意嘱咐送信的人说：『你要等到刘太守会见下属官员时再上呈给他。』送信人来到刘烨的衙门，刘烨正在大堂上议事，送信人就把信当众交给了他。刘烨在众目睽睽之下接到因罪被贬的丁谓的信，不敢隐瞒此事，马上把丁谓来信的事报告给皇帝，并把信直接送到了宫中。皇帝拆开丁谓的信，丁谓在信中进行了严厉地自责，还谈到了皇帝对自己的深厚恩惠，并告诫家人，不要因为他的远贬而产生怨恨之心。皇帝看完以后，非常感动，虽然没有把丁谓官复原职，但也把他调到了条件较好的雷州。

第十一章　九地篇

孙子曰：用兵之法，有散地，有轻地，有争地，有交地，有衢地，有重地，有圮地，有围地，有死地。诸侯自战其地，为散地；入人之地不深者，为轻地；我得则利，彼得亦利者，为争地；我可以往，彼可以来者，为交地；诸侯之地三属，先至而得天下之众者，为衢地；入人之地深，背城邑多者，为重地；行山林、险阻、沮泽，凡难行之道者，为圮地；所由入者隘，所从归者迂，彼寡可以击吾之众者，为围地；疾战则存，不疾战则亡者，为死地。是故散地则无战，轻地则无止，争地则无攻，交地则无绝，衢地则合交，重地则掠，圮地则行，围地则谋，死地则战。

注释

孙子曰：用兵之法，有散地，有轻地，有争地，有交地，有衢地，有重地，有圮地，有围地，有死地：《通典》卷一五九所引「用兵之法」作「故用兵」，「圮」汉简本作「泛」，《长短经·地形》所引作「泛」。这里总说九种不同的作战区域，下面再进行分别论述。曹操曰：「欲战之地有九」。「此九地之名也」。李筌曰：「胜敌之地有九，故次《地形》之下。」

诸侯自战其地，为散地：汉简本无「自」字，《通典》卷一五九所引「诸侯」上有「凡」字，武经本、樱田本「地」下有「者」字。散地：一说诸侯在自己领地内作战，其士卒在危急时容易逃亡离散，故名其地为「散地」。曹操曰：「士卒恋土，道近易散。」李筌注：「卒恃土，怀妻子，急则散，是为散地也。」杜牧曰：「士卒近家，进无必死之心，退有归投之处。」一说无险可守，士卒意志不坚，易于离散之地。何延锡注：「地远四平，更无要害，志意不坚而易离，故曰散地。」当以前说为善。三国魏王弼《周易略例·明爻通变》：「投戈散地，则六亲不能相保；同舟而济，则吴越何患乎异心？」《新唐书·元载传》：「大历八年，吐蕃寇邠宁，议者谓三辅以西无襟带之固，而泾州散地不足守。」

入人之地不深者，为轻地：深，深入。《左传·僖公十五年》：「晋侯谓庆郑曰：『寇深矣，若之何？』」轻敌：指进入敌人的领地较浅，士卒思返并可以轻易返回的地区。曹操曰：「士卒皆轻返也。」李筌曰：「轻于退也。」梅尧臣曰：「入敌未远，道近轻返。」张预曰：「始入敌境，士卒思还，是轻返之地也。」

我得则利，彼得亦利者，为争地：武经本、樱田本「我得则利」作「我得亦利」。争地：指战争双方必然争夺的险要之地。曹操曰：「可以少胜众、弱击强。」李筌曰：「此厄喉守险地，先居者胜，是为争地。」杜牧注：「必争之地，乃险要也。」张预注：「险固之利，彼我得之，皆可以少胜众、弱胜强者，是必争之地也。」

交地：指道路交错，交通方便的地区。曹操注：「道正相交错也。」交：指交通要冲。《史记·魏其武安侯列传》：「孝景崩，今上初即位，以为淮阳天下交，劲兵处，故徙夫为淮阳太守。」清魏源《圣武记》卷八：「（盐埕桥）距府城五十里，扼水陆交。」

诸侯之地三属：指自己的国家、敌对国和第三国交界的地区。属：读为zhǔ，连接。《论衡·说日》：「临大泽之滨，望四边之地与天属，其实不属，远若属矣。」《新唐书·裴伷仙传》：「自北庭属京师，多其客，诇侯朝廷事，闻知十常七八。」宋邹浩《二月十五朝拜建隆桥上偶作》诗：「柳密行人看不见，轮蹄相属但闻声。」清顾炎武《秋山》诗之二：「天狗下巫门，白虹属军垒。」三属：即三国相连接。曹操曰：「我与敌相当，而旁有他国也。」李筌曰：「对敌之旁，

有一国为之属。」

得天下之众：指得到诸侯援助。杜牧曰：「天下，犹言诸侯也。」曹操曰：「先至得其国助也。」梅尧臣曰：「彼我相当，有旁国三面之会，先至则得诸侯之助也。」王皙曰：「曹公注：『先至得其国助』。皙谓：先至者，结交先至也。」衢地：道路四通八达的地方，这里指各国相毗邻的要冲。汉简本无「地」字。张预注：「衢者，四通之地。我所敌者，当其一面，而旁有邻国，三面相连属，当往结之，以为己援。」另见《九变篇》注。

背城邑多者：汉简本、《通典》卷一五九所引「背」作「倍」，《通典》「多」下有「难以返」三字。背：经过。汉枚乘《七发》：「于是背秋涉冬，使琴挚斫斩以为琴。」晋潘岳《闲居赋》：「若乃背冬涉春，阴谢阳施。」《颜氏家训·省事》：「寒暑烦劳，背春涉冬。」王利器集解：「背春涉冬，犹今言过了春天到了冬天也。」此句指已经经过了敌国的许多城邑。重地：指敌国内部离自己的边境已经很远的地方。曹操曰：「难返之地。」杜佑注：「远去已城郭，深入敌地，心专意一，谓之重地也。」梅尧臣曰：「乘虚而入，涉地愈深，过城已多，津要绝塞，故曰重难之地。」《水浒传》第四六回：「两个见捉了时迁，怕深入重地，亦无心恋战，顾不得时迁了，只四下里寻路走罢。」

行山林、险阻、沮泽，凡难行之道者，为圮地：武经本、樱田本无「山林」前的「行」字，汉简本无「险阻」二字。圮地：指通行困难的地方。曹操曰：「少固也。」清代顾福棠《孙子集解》曰：「地势不固，无可依凭，行军至此，易于倾覆而难于保全，故曰圮。何氏谓『不可为城垒沟隍』，说最是。」另见《九变篇》注。

所由入者隘，所从归者迂，彼寡可以击吾之众者，为围地：汉简本「吾之众」作「吾众」，「围」下无「地」字。隘：狭窄。《左传·昭公三年》：「初，景公欲更晏子之宅，曰：『子之宅近市，湫隘嚣尘，不可以居，请更诸爽垲者。』」杜预注：「隘，小。」

杨伯峻注：「隘，狭小。」迂：迂回，曲折。围地：指进入的道路狭窄，退回的道路迂远曲折，敌人容易设伏和以少击众的地方。

疾战则存，不疾战则亡者，为死地：汉简本、《通典》卷一五九、《长短经·地形》所引均无二「战」字。李筌、陈皞、贾林、梅尧臣、张预等注家皆谓「疾战」为「速战」。李筌注：「阻山背水食尽，利速不利缓也。」梅尧臣注：「前不得进，后不得退，旁不得走，不得不速战也。」陈皞曰：「人在死地，如坐漏船，伏烧屋。」按：此说不确。所谓「疾战」，应为力战、死战。「置之死地而后生」即言在「死地」应力战才能求生。疾：极力，尽力，努力。《荀子·荣辱》：「小人也者，疾为诞而欲人之信己也，疾为诈而欲人之亲己也。」《墨子·尚贤上》：「有力者疾以助人，有财者勉以分人。」《吕氏春秋·尊师》：「疾讽诵，谨司闻。」疾战：力战，死战。《六韬·突战》：「三军疾战，敌人虽众，其将可虏。」《汉书·灌婴传》：「击项羽将龙且、魏相项佗军定陶南，疾战，破之。」《新五代史·梁臣传·王景仁》：「（梁太祖）以兵二十万倍道而至，景仁闭垒示怯，伺梁兵怠，毁栅而出，驱驰疾战。」杜牧注曰：「死地疾战则存，不疾战则亡，当须上下同心，并气一力，抽肠溅血，一死于前，因败为功，转祸为福，此乃是也。」何氏曰：「死地力战或生，守隅则死。」皆近之。死地：绝境，进退不便，容易被包围的地方。曹操曰：「前有高山，后有大水，进则不得，退则有碍。」另见《九变篇》注。

散地则无战：处于散地则不宜作战。李筌曰：「恐走散地。」张预曰：「士卒怀生，不可轻战。」《通典》卷一五九引《孙子》佚文曰：「敌人深入吾都，多背城邑，士卒以军为家，专志轻斗；吾兵在国，安土怀生，以阵则不坚，以斗则不胜。」

轻地则无止：处于轻地则不宜停留。李筌曰：「恐逃。」《通典》卷一五九引《孙子》佚文曰：「军在轻地，士卒未专以入为务，无以战为。故无近其名城，无由其通路，设疑佯惑，示若将去。乃选骁骑，衔枚先入，掠其牛马六畜。三军见得进，

乃不惧。分吾良卒，密有所伏，敌人若来，击之勿疑；若其不至，舍之而去。』争地则无攻：处于争地则不宜进攻。曹操曰：『不当攻，当先至为利也。』李筌曰：『敌先居地险，不可攻。』梅尧臣曰：『形胜之地，先据乎利，敌若已得其处，则不可攻。』《通典》卷一五九引《孙子》佚文曰：『争地之法，让之者得，求之者失。敌得其处，慎勿攻之。引而佯走，建旗鸣鼓，趣其所爱，曳柴扬尘，惑其耳目；分吾良卒，密有所伏，敌必出救，人欲我与，人弃吾取，此争先之道。若我先至，而敌用此术，则选吾锐卒，固守其所，轻兵追之，分伏险阻，敌人还斗，伏兵旁起，此全胜之道也。』

交地则无绝：汉简本「无」作「毋」。此句历来歧解甚多。曹操曰：『相及属也。』杜佑曰：『相及属也。俱可进退，不可以兵绝之。』杜牧曰：『川广地平，四面交战，须车骑部伍首尾联属，不可使断绝，恐敌人因而乘我。』梅尧臣曰：『道即交错，恐其邀截，当令部伍相及，不可断也。』皆谓「无绝」为不使我行军队伍从中隔绝。张预曰：『往来交通，不可以兵阻绝其路，当以奇伏胜也。』则谓「无绝」为不可断绝敌人的交通。贾林曰：『可以结交，不可杜绝，绝之致隙。』又谓不可轻易与诸侯断绝关系。以上诸说虽都可讲通，但「交地」既然以道路言之，当以杜、梅之说为善。

衢地则合交：处于衢地应当结交诸侯。曹操曰：『结诸侯也。』《通典》卷一五九引《孙子》佚文曰：『诸侯参属，其道四通，我与敌相当，而傍有国。所谓先者，必重币轻使，约和傍国，交亲结恩，兵虽后至，众以属矣。简兵练卒，阻利而处，亲吾军事，实吾资粮，令吾车骑，出入瞻候。我有众助，彼失其党，诸国犄角，震鼓齐攻，敌人惊恐，莫知所当。』

重地则掠：处于重地应当掠取粮草以保证军队的供应。曹操曰：『蓄积粮食也。』梅尧臣曰：『去国既远，多背城邑，粮道必绝，则掠畜积以继食。』《通典》卷一五九引《孙子》佚文曰：『凡居重地，士卒轻勇，转输不通，则掠以继食。下得粟帛，皆贡于上，多者有赏，士无归意。若欲还出，切为戒备，深沟高垒，示敌且久。敌疑通途，私除要害之道，乃令轻

车衔枚而行，尘埃气扬，以牛马为饵。敌人若出，鸣鼓随之，阴伏吾士，与之中期，内外相应，其败可知。』李筌认为「掠」应为「无掠」，说：『深入敌境，不可非义失人心也。汉高祖入秦，无犯妇女，无取宝货，得人心如此。筌以掠字为无掠字。』按：此句正合孙子一贯主张的「因粮于敌」的思想，李筌之说恐不确。

圮地则行：处于圮地应快速通过。曹操曰：『无稽留也。』李筌曰：『不可为沟隍，宜急去之。』张预曰：『难行之地，不可稽留也。』

围地则谋：处于围地则用谋略以取胜。曹操曰：『发奇谋也。』李筌曰：『智者不困。』《通典》卷一五九引《孙子》佚文曰：『围地之宜，必塞其阙，示无所往，则以军为家，万人同心，三军齐力。并炊数日，无见火烟，故为毁乱寡弱之形。敌人见我，备之必轻。告励士卒，令其奋怒。陈伏良卒，左右险阻，击鼓而出。敌人若当，疾击务突，前斗后拓，左右犄角。』

死地则战：处于死地应力战以求生。曹操曰：『殊死战也。』《通典》卷一五九引《孙子》佚文曰：『问曰：「吾在死地，粮道已绝，敌伏吾险，进退不得，则如之何？」武曰：「燔吾蓄积，尽我余财，激士励众，使无生虑。鼓呼而冲，进而勿顾，决命争强，死而须斗。若敌在死地，士卒气勇，欲击之法：顺而勿抗，阴守其利，绝其粮道，恐有奇伏，隐而不睹，使吾弓弩俱守其所。」』

译文 孙子说：按照用兵的原则，地利条件有散地、轻地、争地、交地、衢地、重地、圮地、围地、死地等多种不同情况。诸侯在本国境内作战的，这种地利形势叫做散地。进入敌国浅近地区作战的，叫做轻地。我方先占领有利，敌人先得到也有利的地区，叫做争地。我军可以前往，敌军也可以进来的地区，叫做交地。与其它诸侯国相毗邻，先到就可以获得其它诸侯国支持的地区，叫做衢地。深入敌国境内，穿过敌人众多城邑的地区，叫做重地。山林、险阻、沼泽等难以通行的地区，叫做圮地。前行的道路狭窄，

退兵的道路迂远，敌人可以用少量兵力抗击我方众多兵力的地区，叫做死地。因此，处于散地则不宜作战，处于轻地则不宜停留，处于争地则不宜进攻，处于交地行军不要断绝，处于衢地应该结交诸侯，处于重地应该掠取粮草，处于圮地必须迅速通过，处于围地就要设谋取胜，处于死地就要力战求生。

评点

「天时不如地利」，地势地形的利用历来为我国古代的兵家所重视，并对地形情况做出不同的划分。除了孙子在《行军篇》、《地形篇》、《九地篇》等篇中所列举的地形条件外，其它一些军事思想家也对地形做过划分，并提出不同地形的作战原则。《孙膑兵法·地葆》中，划分了「天井、天宛、天离、天隙、天招」五种地形。明代何守法所著的《投笔肤谈·地纪第十二》则把战术地形分为六类，说：「凡地之大势有六：一曰要地，二曰营地，三曰战地，四曰守地，五曰伏地，六曰邀地。要地者，山川之上游，水陆之都会，可以跨据控引者也。营地者，背高而面下，进阔而退平，利水草，可依傍者也。战地者，平原广野之冲，草浅土坚之处，可驰骋突击者也。守地者，川流环抱之区，山阪峻险之塞，相为联络而不断者也。伏地者，层山广谷之中，茂林蓊之所，可以藏匿诱引者也。邀地者，间道歧路之乡，关塞要津之扼，可阻绝而横击之者也。此六者，兵家之善地也。得之者胜，失之者败。得失之机，将当先知也，而地之利害不与焉。」这六种战术地形的具体内容，分别如下：所谓「要地」，即「如孔明谓荆州北据汉沔，利尽南海，东连吴会，西通巴蜀，此用武之国。益州沃野千里，天府之地。若跨有之，汉室可兴之类」，就是指山地的高处，江河的上游，水陆交通发达的地邑，可以作为凭恃并能控制各方的重要地形；所谓「营地」，即「如孔明伐魏，六出必于祁山，后驻师五丈原，与民杂耕渭滨之类」，就是指后面高、前面低，进则开拓，退则平坦，水草便利，可以作依托、便于扎营布阵的地形；所谓「战地」，即「如周德威劝庄宗退军邑，用骑兵大破梁将王景仁之类」，就是指平原旷野的交通要道，野草不高土地坚硬的地方，可以奔驰突袭、便于攻战的地形；所谓「守地」，即「如张良谓关中之地，披山带河，四塞为固，阻三面而自守，独以一面东制诸侯之类」，就是指江河环绕的地区，山坡险峻的关塞，互相连接而不间断，便于防守的地形；所谓「伏地」，即「如孙膑谓马陵道狭，而旁多险阻，乃令万弩夹道而伏，射死庞涓之类」，就是指重地、阔谷之中，茂密森林之处，可以隐蔽诱敌，便于设伏的地形；所谓「邀地」，即「如李左车谓井陉之道，车不得方轨，骑不得成列，从间道绝之，则进不得斗，退不得还之类」，就是指有小路、岔道的地区，关塞、河川的必经要道，可以阻绝敌人，便于截击的地形。这六种地形都是用兵作战的有利地形，得到它就能胜利，失去它就会失败，得失的关键，就在于将帅应当事先掌握，而一旦掌握了得失的关键，那么地形的利与不利也就不成问题了。

因为地形不同，所应采取的应敌策略也不同，而具体应采取何种策略，则要根据实际情况来确定，且不可生搬硬套或主观臆断。

三国时期，诸葛亮出兵伐魏，兵屯祁山。魏国都督司马懿除掉叛将孟达之后，立即率军赶往祁山，去抵御诸葛亮的进攻。诸葛亮在祁山寨中，听到司马懿倍道前来的消息，知道司马懿出关，必取街亭，以断其咽喉之路。于是便问：「谁敢引兵去守街亭？」言未毕，参军马谡自告奋勇说：「某愿往。」诸葛亮有些不放心他，说：「街亭虽小，干系甚重：倘街亭有失，我大军皆休矣。你虽深通谋略，此地奈无城郭，又无险阻，守之极难。」马谡却不以为然地说：「某自幼熟读兵书，颇知兵法。岂一街亭不能守耶？」为了表示守住的决心，马谡以全家性命为赌注，与诸葛亮立下了军令状。诸葛亮还是不放心，就派一向谨慎的王平与他同去，并吩咐说：「我素知你平生谨慎，故特以此重任相托。你可小心谨守此地：下寨必当要道之处，使贼兵急切不能偷过。安营既毕，便画四至八道地理形状图本来我看。凡事商议停当而行，不可轻易。如所守无危，则是取长安第一功也。戒之！戒之！」二人拜辞引兵而去。二人走了之后，诸葛亮寻思半天，仍然恐二人有失，又把高翔叫过来，

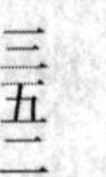

说：『街亭东北上有一城，名列柳城，乃山僻小路，此可以屯兵扎寨。与你一万兵，去此城屯扎。但街亭危，可引兵救之。』同时又命魏延引本部兵去街亭之后屯扎。至此，诸葛亮才稍稍有些心安。

马谡、王平二人兵到街亭，查看了一番地势。马谡笑着说：『丞相何故多心也？量此山僻之处，魏兵如何敢来！』王平说：『虽然魏兵不敢来，可就此五路总口下寨；却令军士伐木为栅，以图久计。』马谡却说：『当道岂是下寨之地？此处侧边一山，四面皆不相连，且树木极广，此乃天赐之险也：可就山上屯军。』王平认为：『若屯兵当道，筑起城垣，贼兵总有十万，不能偷过；今若弃此要路，屯兵于山上，倘魏兵骤至，四面围定，将何策保之？』马谡大笑道：『你真是女子之见！兵法云：「凭高视下，势如破竹。」若魏兵到来，我教他片甲不回！』王平说：『我累随丞相经阵，每到之处，丞相尽意指教。今观此山，乃绝地也：若魏兵断我汲水之道，军士不战自乱矣。』马谡说：『不懂不要乱说！孙子云：「置之死地而后生。」若魏兵绝我汲水之道，蜀兵岂不死战？以一可当百也。我素读兵书，丞相诸事尚问于我，你奈何相阻耶！』王平无奈，只得说：『若参军欲在山上下寨，可分兵与我，自于山西下一小寨，为犄角之势。倘魏兵至，可以相应。』王平引兵离山十里下寨，画成图本，星夜差人去禀告诸葛亮，具说马谡自于山上下寨之事。

司马懿大军杀到，命张合引一军，拦住王平来路。又令申耽、申仪引两路兵围山，先断了汲水道路；待蜀兵自乱，然后乘势击之。当夜调度已定。次日天明，张合引兵先往背后去了。司马懿大驱军马，一拥而进，把山四面围定。马谡在山上看时，只见魏兵漫山遍野，旌旗队伍，甚是严整。蜀兵见之，尽皆丧胆，不敢下山。马谡将红旗招动，想指挥军队冲杀，可是军将你我相推，无一人敢动。马谡大怒，自杀二将。众军惊惧，只得努力下山来冲魏兵。魏兵端然不动。蜀兵又退上山去。马谡见事不谐，教军紧守寨门，只等外应。魏兵自辰时困至戌时，山上无水，军不得食，寨中大乱。闹到半夜时分，山南蜀兵大开寨门，下山降魏。马谡禁止不住。司马懿又令人于沿山放火，山上蜀兵愈乱。马谡料守不住，只得驱残兵杀下山西逃奔。街亭失守。

所谓古之善用兵者，能使敌人前后不相及，众寡不相恃，贵贱不相救，上下不相收，卒离而不集，兵合而不齐。合于利而动，不合于利而止。敢问：敌众整而将来，待之若何？曰：先夺其所爱，则听矣。兵之情主速，乘人之不及，由不虞之道，攻其所不戒也。

注释

所谓古之善用兵者，能使敌人前后不相及：武经本、樱田本无『所谓』二字，汉简本『古』下无『之』字，『善用兵』作『善战』，『及』下有『也』字。及：涉及，牵连，这里指策应。《论语·卫灵公》：『群居终日，言不及义，好行小慧，难矣哉。』《汉书·苏武传》：『事如此，此必及我。』相及：相互策应，相互衔接。《史记·春申君列传》：『父子老弱系脰束手为羣虏者相及于路。』《后汉书·宋弘传》：『弘推进贤士冯翊桓梁三十余人，或相及为公卿者。』李贤注：『及犹继也。』《后汉书·彭宠传》：『营相去百里，其势岂可得相及？比若还，北军必败矣。』唐王昌龄《从军行》之二：『断蓬孤自转，寒雁飞相及。』前后不相及：指前军与后军不能相互策应。

众寡不相恃：指主力部队和小股部队不能相互依靠。《通典》卷一五三、《御览》卷二九四所引『恃』作『待』。恃：依赖，凭借。《左传·僖公二十六年》：『室如悬罄，野无青草，何恃而不恐？』《文心雕龙·祝盟》：『忠信可矣，无恃神焉！』《新唐书·柳冕传》：『自安史乱常，始有专地；四方多故，始有不朝。戎臣恃险，或不悔过。』贵贱不相救：指将领和兵

所谓古之善用兵者，能使敌人前后不相及，众寡不相恃，贵贱不相救，上下不相收，卒离而不集，兵合而不齐。合于利而动，不合于利而止。敢问：敌众整而将来，待之若何？曰：先夺其所爱，则听矣。兵之情主速，乘人之不及，由不虞之道，攻其所不戒也。

卒不能相互救援。《御览》卷二九四所引『救』作『求』。

上下不相收：指上级和下级不能相互聚合。《通典》卷一五三、《御览》卷二九四所引『收』作『扶』。收：聚集，聚合。《诗·周颂·维天之命》：『假以溢我，我其收之。』毛传：『收，聚也。』《史记·韩信卢绾列传》：『复收信败散兵。』韩愈《请上尊号表》：『西戎之首，北虏之渠……收其种落，逃遁远去。』

卒离而不集，兵合而不齐：士卒如果分散就不能集合起来，如果集合也会阵形不整齐。离：整体分成若干部分，离散。《国语·吴语》：『夫吴民离矣，体有所倾，譬如羣兽然，一个负矢，将百羣皆奔，王其无方收也。』《吕氏春秋·决胜》：『胜失之兵，必隐必微，必积必抟……积则胜散矣，抟则胜离矣。』陈奇猷集释引毕沅曰：『抟之义为专壹，正与分散相反。』曹植《七启》：『累如迭谷，离若散雪。』晋郭璞《山海经图赞·王予夜尸》：『予夜之尸，体分成七，离不为疏，合不为密，苟以神御，形归于一。』集：集合，聚集。《诗·小雅·頍弁》：『如彼雨雪，先集维霰。』孔颖达疏：『言王政教暴虐，如彼天之雨下大雪，其雪必先聚集而抟维为小霰，而后成为大雪。』《文选·枚乘〈七发〉》：『逐狡兽，集轻禽。』李善注：『言射而矢集于轻禽也。《左氏传》曰：楚君亲集矢于其目。《阙子》曰：矢集于彭城之东，并以所止为集也。』合：会集，聚合。《易·噬嗑》：『刚柔分，动而明，雷电合而章。』《国语·楚语下》：『于是乎合其州乡朋友婚姻，比尔兄弟亲戚。』韦昭注：『合，会也。』《水经注·江水三》：『大江又东，左合子夏口。』苏辙《龙川别志》卷下：『五更，市方合而雨作，入五局观避之。』齐：整齐，平齐。《易·说卦》：『齐也者，言万物之絜齐也。』高亨注：『齐者，整齐也。』《白虎通·礼乐》：『行列得正焉，进退得齐焉。』前蜀韦庄《台城》诗：『江雨霏霏江草齐，六朝如梦鸟空啼。』

合于利而动，不合于利而止：此句重见于后文《火攻篇》，《〈孙子〉会笺》怀疑是后篇之文误录于此。『此二句与上下文意皆不相属，而《火攻》篇『主不可以怒而兴师，将不可以愠而致战』下正有此二句，疑即该篇之文而重录于此者。』曹操在本篇注曰：『暴之使离，乱之使不齐，动兵而战。』而在《火攻篇》则注曰：『不以己之喜怒用兵。』对两篇中同样的文字理解不同。可见这句在本篇原已有之。李筌曰：『挠之令见利乃动，不乱则止。』敢问：意为请问、试问。敢：谦词，犹冒昧。《仪礼·士虞礼》：『敢用絜牲刚鬣。』郑玄注：『敢，昧冒之辞。』贾公彦疏：『敢，昧冒之辞者，凡言敢者，皆是以卑触尊不自明之意。』《礼记·投壶》：『主人曰：「枉矢哨壶，不足辞也，敢固以请。」』《文心雕龙·时序》：『鸿风懿采，短笔敢陈。』

敌众整而将来，待之若何：汉简本『众整而将来』作『众以正将来』，『待』作『侍』。将：副词，将要，打算。《左传·文公十八年》：『春，齐侯戒师期，而有疾。医曰：「不及秋将死。」』《左传·隐公元年》：『国不堪贰，君将若之何？』《史记·伍子胥列传》：『汝能报杀父之仇，我将归死。』《续资治通鉴·宋孝宗淳熙十四年》：『卿等将不举人，甚非朕意。』梅尧臣注曰：『言敌人甚众，将又严整，我何以待之耶？』于鬯认为此说不妥，『梅尧臣注云：「言敌人甚众，将又严整，我何以待之耶？」似梅本「将」字在「整」字上。今作将来，则但当作「且将」来解，非「将军」之「将」。』是。

先夺其所爱，则听矣：汉简本无『先』字，樱田本『听』作『得』。夺其所爱，即夺取敌人最重视的地方。曹操曰：『夺其所恃之利。』赵本学曰：『或积聚所居，或救援所恃，或心腹巢穴所本者，皆是所爱。』听：听从，接受。《诗·大雅·荡》：『虽无老成人，尚有典刑，曾是莫听，大命以倾。』《战国策·秦策二》：『甘茂至魏，谓向寿：「子归告王曰：魏听臣矣，然愿王勿攻也。」』』《史记·白起王翦列传》：『王听之，割韩垣雍、赵六城以和。』此句意为，先夺取敌人最关键或对其最有利的地方，敌人丧失了主动，战局的发展就只能听凭我军的意志了。曹操曰：『若先据利地，则我所欲必得也。』

兵之情主速，乘人之不及：汉简本「情」作「请」，「速」作「数」，「及」作「给」，「数」、「给」下有「也」字。

情：道理，情理。《礼记·乐记》：「礼者，殊事合敬者也；乐者，异文合爱者也。礼乐之情同，故明王以相沿也。」嵇康《明胆论》：「夫折理贵约而尽情，何尚浮秽而迂诞哉？」《资治通鉴·后晋高祖天福二年》：「有军士盗纸钱一幞，主者擒之，左右请释之，知远曰：「吾诛其情，不计其直。」竟杀之。」主：崇尚，注重。《论语·学而》：「主忠信，无友不如己者。」唐李端《酬秘书元丞郊园卧疾见寄》：「求医主高手，报疾到贫家。」宋梅尧臣《林和靖先生诗集序》：「其辞主乎静正，不主乎刺讥。」清王端履《重论文斋笔录》卷八：「乡先生某公，论诗主温柔敦厚，素不喜庸腐说理之谈。」此句意为，用兵的道理在于，军事行动要迅速，应当在敌人还来不及防备的时候打它个措手不及。

由不虞之道，攻其所不戒也：从敌人意料不到的路线进军，攻击其没有戒备的地方。李筌曰：「不虞不戒，破敌之速。」不虞：意料不到。《国语·周语中》：「昔我先王之有天下也，规方千里，以为甸服……以待不庭不虞之患。」沈约《刘领军封侯诏》：「及衅起不虞，咫尺宫禁，内参嘉谟，外宣戎略。」韩愈《泷吏》诗：「不虞卒见困，汗出愧且骇。」纪昀《阅微草堂笔记·滦阳消夏录一》：「不虞母家遘回禄，无屋可居，乃先期返。」戒：防备，警戒。《易·萃》：「君子以除戎器，戒不虞。」孔颖达疏：「修治戎器，以戒备不虞也。」《诗·小雅·采薇》：「岂不日戒，玁狁孔棘。」郑玄笺：「岂不日相警戒乎？」《诗大序》：「言之者无罪，闻之者足以戒。」《新唐书·康承训传》：「可师恃胜不戒，弘立以兵袭之，可师不克阵而溃。」

译文

自古以来善于用兵的人，能使敌人前军和后军不能相互策应，主力部队和小股部队无法相互依靠，将领和兵卒之间不能相互救援，上级和下级之间不能互相聚合，士兵分散就不能集中，即使集中阵容也不严整。对我有利就发起行动，对我无利就停止行动。试问：敌人以众多的兵员和严整的阵势将要向我发起进攻，该用什么办法对付它呢？回答是：先夺取敌人最关键或对其最有利的地方，敌人就只能听凭我军的摆布了。用兵的道理在于，军事行动要迅速，应当在敌人还来不及防备的时候打它个措手不及。要从敌人意料不到的路线进军，攻击其没有戒备的地方。

评点

孙子在这里提出了快速制敌，以迅雷不及掩耳之势打击敌人的战术原则。这一点，在我国古代不论理论上和实践上都可以找到旁证。

《六韬·龙韬》中说：「善战者，居之不挠，见胜则起，不胜则止。故曰：无恐惧，无犹豫，用兵之害，犹豫最大，三军之灾，莫过狐疑。善战者，见利不失，遇时不疑，失利后时，反受其殃。故智者从之而不释，巧者一决而不犹豫，是以疾雷不及掩耳，迅电不及瞑目，赴之若惊，用之若狂，当之者破，近之者亡，孰能御之。」善于指挥作战的人，看到有利的时机决不放过，抓住战机，毫不犹豫，以迅雷不及掩耳之势打击敌人，因而也就能无往而不胜。

《兵靁·迅》中说：「疾雷暇掩耳乎？掣电暇瞬目乎？时不再来，机不可失，则速攻之，速围之，速逐之，速捣之，靡有不胜。《军谶》曰：「攻敌欲疾」，是脱兔之说也，智者不能为之谋，勇者不及为之怒矣。」要趁敌人来不及谋划的时候，就将其一举击溃，这就是所谓的「时不再来，机不可失」。

《草庐经略·迅速》中说：「兵者，机之行之者也。攻其无备，出其不意，批亢捣虚。能使敌人前后不相及，众寡不相恃，贵贱不相救，上下不相收者，非迅速不可也……大要料敌欲审，见机欲决，原非履险蹈危幸功于万一者也。倘虚实有未知，地利有未熟，敌情有未谙，我势有未审，徒慕迅雷不及掩耳之名，而以我之轻易，当敌之有备，用率孤军深入重地，欲进不能，欲退不敢，攻城不得，掳掠无获，粮道既绝，救援不通，虽韩、白不能善其后。亦有先缓而后速者。缓者令其驰备，速者乘彼不虞，彼既弛备而不虞我之至，则无往不克，发无不中也。」迅速攻击是军事行动的目标，但也决不是贸然突进，而是以

知己知彼为基础，以攻其不虞不备。

三国时期司马懿的克日擒孟达，就充分体现了孙子「兵之情主速，乘人之不及」的思想。魏明帝太和元年（227年），投降魏国、任新城（今湖北房县）太守的蜀将孟达又暗地联合吴、蜀，密谋反曹，欲与兵出祁山的诸葛亮里应外合。消息传到驻守在宛城（今河南南阳）的司马懿那里。司马懿准备征讨，但又左右为难。因为一般情况下，诛除叛将这样的军事行动要获得朝廷的批准，得到皇帝诏书才能行动。但从宛城到朝廷所在的洛阳（今河南洛阳）来回有800里地，快马往返需半个月。宛城距孟达起事地上庸城1200里，赶到也要走十多天。同时，魏军的兵力是孟达的4倍，但魏军的粮食不够吃1个月，孟达的粮食却足以支持1年。这样算来，魏军要1个月才能开到上庸，那时将是魏军粮草用尽，而孟达则做好了充分准备。再考虑到孙、刘兵可能会来相助，那就更难征讨了。思量再三，司马懿当机立断，以国家利益为重，一面写信安抚孟达，一面上疏向魏主报告情况，同时率军暗中向上庸疾进。为了达到打敌人一个措手不及的目的，司马懿让三军偃旗息鼓，分为八队齐头并进，昼夜兼程，1200里地仅用8天时间就兵临上庸城下了。司马懿兵一出现，马上在孟达军中引起一片惊慌。孟达闻知，惊讶不已：「我举事之日，而兵至城下，何其速也！」按原来的推算，孟达打算用一个月的时间加固好城墙，然后凭借新城内粮草充足，而司马懿劳师远进，粮草不可能带多的优势，坚壁不出战，打持久战，等司马懿粮草不济无奈退兵时，再突发袭击，定能取胜。司马懿的到来一下子打乱了孟达的部署，孟达因准备不足，工事未固，军心动摇。部将邓贤、李辅开门投降，魏军乘势杀入城中，斩杀孟达，俘虏万余，从而迅速平定了这场叛乱，受到朝廷嘉奖。

凡为客之道，深入则专，主人不克；掠于饶野，三军足食；谨养而勿劳，并气积力；运兵计谋，为不可测。投之无所往，死且不北。死，焉不得士人尽力。兵士甚陷则不惧，无所往则固，深入则拘，不得已则斗。是故其兵不修而戒，不求而得，不约而亲，不令而信，禁祥去疑，至死无所之。吾士无余财，非恶货也；无余命，非恶寿也。令发之日，士卒坐者涕沾襟，偃卧者涕交颐。投之无所往者，诸、刿之勇也。

注释

为客：指进入敌国境内作战。《国语·越语下》：「夫圣人随时以行，是谓守时，天时不作，弗为人客。」韦昭注：「攻者为客。」《礼记·月令》注：「为客不利。」数：「起兵伐人者，谓之客。」深入则专，主人不克：深入敌境之后，我军军心就坚定、专一，在本土作战的敌人就不能战胜我们。李筌曰：「夫为客，深入则志坚，主人不能御也。」主人：古代指战争中在自己土地上防守的一方。银雀山汉墓竹简《孙膑兵法·客主人分》：「兵有客之分，有主人之分……客倍主人半，然可敌也。」《晋书·张轨传》：「曜虽东征，胤犹守本。险阻路遥，为主人甚易。」克：战胜。《易·既济》：「高宗伐鬼方，三年克之。」《吕氏春秋·爱士》：「（缪公）遂大克晋，反获惠公以归。」高诱注：「克，胜也。」

掠于饶野，三军足食：在敌国物产丰富的地方掠取粮草，军队就有足够的给养保证。饶：富裕，丰足。《左传·成公六年》：「夫山、泽、林、盬，国之宝也。国饶则民骄佚。」韩愈《崔评事墓铭》：「实掌军田，凿浍沟，斩茭茅，为陆田千二百顷，水田五百顷，连岁大穰，军食以饶。」饶野：富饶的田野。杜预曰：「兵在重地，须掠粮于富饶之野，以丰吾食。」王晳曰：「饶野多稼穑。」谨养而勿劳，并气积力：要注意军队的休养，不要过度困乏，保持士气，积蓄实力。谨：慎重。《书·胤征》：「先王克谨天戒。」孔传：「言君能慎戒。」《汉书·酷吏传·尹赏》：「生时谅不谨，枯骨后何葬？」

运兵计谋，为不可测：汉简本「测」作「贼」，假借。运兵：用兵，指军队的调动、部署等。测：猜度。《易·系辞上》：「阴阳不测之谓神。」《礼记·少仪》：「毋测未至。」郑玄注：「测，意度也。」曹操曰：「养士气、并兵力，为不可测度之计。」李筌曰：「气盛力积，加之以谋虑，则非敌之可测。」投之无所往，死且不北：把将士置于无路可走的地步，即使战死，他们也不会败退。李筌曰：「能得其力者，投之无往之地。」投：置，置于。往：去，引申为逃亡。《管子·权修》：「无以畜之，则往而不可止也。」尹知章注：「往，谓亡去也。」且：尚且。《易·干》：「天且弗违，而况于人乎」《史记·项羽本纪》：「臣死且不避，卮酒安足辞！」

死，焉不得士人尽力：历代注家多将此断「死焉不得，士人尽力」，例如曹操注上句曰：「士死安不得也。」注下句曰：「在难地，心并也。」但也有人对此表示怀疑，赵本学认为：「「死焉不得」之「死」当为衍文。……夫投之无所往之地，虽死且不北。」此说虽更接近孙子的思想，但并无所据。宋郑友贤《孙子遗说》则认为：「诸家断为二句者，非武之本义也。」今天的注解者多采此说。《孙子全译》以为，「此说甚是」，「断为二句，于义未安，当连为一句，谓「死焉不得士人尽力」即置于死地士卒必人人尽力之意。若如此，上下文意乃顺。」因此将此八字连为完整的一句。《孙子校释》、《〈孙子〉会笺》把此句断为「死，焉不得士人尽力」，并认为，「「焉不得士人尽力」，言怎不得士人尽力，或怎得士人不尽力，换言之，亦即言士人必尽力；但若于「得」下断句，则非但语气中断，且「死焉不得」亦可解为焉得不死；如杜注以「得」为「得胜」，或如张注以「得」为「得志」，则觉增意为释，似有未当，且又与下「士人尽力」文意失属。」

兵士甚陷则不惧：士卒在危险的境地陷险得太深，就不会再有恐惧。张预曰：「陷在危亡之地，人持必死之志，岂复畏敌也？」陷：指陷入某一处境或地方无法脱身。固：军心稳固，专一。李筌曰：「固，坚也。」深入则拘：武经本、樱田本「深入

作「入深」。拘：束缚，这里指士卒依附而不敢离散。曹操注：「拘，缚也。」《史记·太史公自序》：「尝窃观阴阳之术，大祥而众忌讳，使人拘而多所畏。」张守节正义：「言拘束于日时，令人有所忌畏也。」不得已则斗：汉简本作「……所往则斗」。曹操曰：「人穷则死战也。」李筌曰：「决命。」

其兵不修而戒：汉简本无「其兵」二字，「修」作「调」。修：儆戒，警告。《国语·鲁语下》：「吾冀而朝夕修我曰：「必无废先人。」」韦昭注：「修，儆也。」《国语·周语上》：「故天子听政，使公卿至于列士献诗，瞽献曲，史献书，师箴，瞍赋，蒙诵，百工谏，庶人传语，近臣尽规，亲戚补察，瞽、史教诲，耆、艾修之，而后王斟酌焉。」戒：警戒。不求而得，不约而亲，不令而信：不待征求而情自得，不待约束而相亲近，不待号令而自信从。曹操曰：「不求索其意，自得力也。」李筌曰：「投之必死，不令而得其用也。」

禁祥去疑：禁止迷信之事，避免士卒疑虑。曹操曰：「禁妖祥之言，去疑惑之计。」李筌曰：「妖祥之言，疑惑之事而禁之。」梅尧臣曰：「妖祥之事不作，疑惑之言不入。」祥：吉凶的预兆。《易·系辞下》：「吉事有祥，象事知器，占事知来。」郑玄注：「行其言事，则获嘉祥之应。」《左传·僖公十六年》：「周内史叔兴聘于宋，宋襄公问焉，曰：「是何祥也？」」杜预注：「祥，吉凶之先见者。」《论衡·异虚》：「善祥出，国必兴；恶祥见，朝必亡。」

吾士无余财，非恶货也；无余命，非恶寿也：汉简本「命」作「死」。曹操曰：「皆烧焚财物，非恶货之多也，弃财致死者，不得已也。」梅尧臣曰：「不得已竭财货，不得已尽死战。」货：金钱珠玉布帛的总称，泛指财物，货物。《书·洪范》：「一曰食，二曰货。」孔颖达疏：「货者，金玉布帛之总名。」《易·系辞下》：「聚天下之货，交易而退。」《汉书·食货志上》：「通财鬻货曰商。」寿：长寿，活的岁数大。《书·洪范》：「五福：一曰寿，二曰富，三曰康宁，四曰攸好德，五曰考终命。」

孔颖达疏：「一日寿，」年得长也。」《论语·雍也》：「知者动，仁者静；知者乐，仁者寿。」

士卒坐者涕沾襟，偃卧者涕交颐：汉简本无「士」字和「偃」字。涕：眼泪。《易·离》：「出涕沱若，戚嗟若。」《文选·司马相如〈长门赋〉》：「左右悲而垂泪兮，涕流离而从横。」李善注：「自眼出曰涕。」宋陆游《闻雨》诗：「夜阑闻急雨，起坐涕交流。」沾：浸润，浸湿。《史记·陈丞相世家》：「勃又谢不知，汗出沾背，愧不能对。」晋傅玄《杂诗》之一：「纤云时髣髴，渥露沾我裳。」襟：古代指衣的交领，也指衣的前幅。《尔雅·释器》：「衣眦谓之襟。」邢昺疏：「谓交领也。」《诗·郑风·子衿》「青青子衿」孔颖达疏引三国魏孙炎曰：「襟，交领也。」《庄子·应帝王》：「列子入，泣涕沾襟以告壶子。」唐杜甫《蜀相》诗：「出师未捷身先死，常使英雄泪满襟。」偃：仰卧，安卧。《诗·小雅·北山》：「或息偃在床，或不已于行。」南朝宋谢灵运《游南亭》诗：「逝将候秋水，息景偃旧崖。」唐韩愈《秋怀诗》之十：「悠悠偃宵寂，亹亹抱秋明。」宋陆游《昔日》诗：「阵如新月偃，箭作饿鸱鸣。」卧：趴伏。《孟子·公孙丑下》：「坐而言，不应，隐几而卧。」焦循正义：「卧与寝异，寝于床，《论语》『寝不尸』是也，卧于几，《孟子》『隐几而卧』是也。卧于几，故曰伏。」韦续《墨薮》引南朝梁武帝《书评》：「王羲之书，如龙跃天门，虎卧凤阙。」颐：下巴。《易·噬嗑》：「颐中有物，曰噬嗑。」《急就篇》卷三：「颊颐颈项肩臂肘。」颜师古注：「下颔曰颐。」韩愈《送侯参谋赴河中幕》诗：「君颐始生须，我齿清如冰。尔时心气壮，百事谓已能。」

诸、刿：指春秋时期的勇士专诸、曹刿。专诸：春秋时吴国堂邑（今江苏六合县）人。吴公子光欲杀吴王僚，伍子胥荐专诸于光。派专诸于太湖边学炙鱼，三月得其味。吴王僚十二年，光设宴请僚，专诸藏匕首于鱼腹中进献，刺杀僚，专诸亦为僚左右所杀。曹刿：又名曹沫，春秋前期鲁国人。著名的军事理论家。前684年，齐侵鲁，曹刿求见庄公，认为庄公对刑狱务求公正，能得人心，可以一战，并随庄公战于长勺（今莱芜东北），利用齐军三鼓气竭的机会，让庄公鸣鼓进攻，遂得胜利。前681年，鲁君于柯（今阳谷东）会见齐君，仗剑相从，劫持齐桓公订立盟约，收回被占土地。

译文

进入敌国境内作战的一般规律是：深入敌国腹地，士卒的军心就专一，敌人从而不能战胜我们。掠取敌国的丰饶地区，部队给养就有了保障。要注意部队的休养，不要使其过于困乏，保持士气，继续积蓄实力。部署兵力，巧设计谋，要使敌人无法判断我军的虚实和意图。将士卒置于无路可走的绝境，士卒至死也不会败退。士卒能够宁死不退，那么他们怎么会不尽力作战呢？士卒在危险的境地陷得太深，就不再存在恐惧；士卒无路可走，军心就会稳固。军队深入敌境纵深，就会凝聚而不离散。在迫不得已的情况下，就会殊死奋战。因此，不待警诫就能注意戒备，不待征求而情自得，不待约束而相亲近，不待号令而自信从。迷信之事得以禁止，士卒疑虑得以避免，他们至死也不会逃逸。士卒不留多余的钱财，并不是厌恶财物；士卒不顾生命危险，也不是不想长寿。当作战命令发布的时候，士卒们的眼泪坐着的浸透衣襟，躺着的泪流满面，一旦把他们置于无路可走的绝境时，他们便都会如同专诸、曹刿一样的勇敢了。

评点

孙子「投之亡地然后存，陷之死地而后生」的思想，虽然具有封建性的糟粕，但也抓住了人的心理，无论在战争中还是在现实生活中，都往往能取得意想不到的效果。

隋朝末年，隋炀帝荒淫残暴，弄得民不聊生，遍地饥荒。各地不断爆发农民起义，地方上有些有实权的人，也拥兵自重，自立为王。到了隋炀帝十三年，各地反叛已达数十起，隋朝江山岌岌可危。

太原太守李渊的儿子李世民看到隋朝灭亡已是大势所趋，也想起兵造反，但要想反叛，就必须动员父亲李渊一起行动，这样才能借助他的兵权。李世民知道，李渊一向对隋朝忠心耿耿，如果直言相劝，不但无济于事，弄不好还会惹来杀身之祸。

于是，李世民与裴寂密谋，要采用「置之死地而后生」的方法，逼李渊造反。

有一天，裴寂在晋阳宫设下宴席，请李渊饮酒。晋阳宫是隋炀帝的行宫之一，李渊为太原留守，兼领晋阳宫监，裴寂为副宫监。李渊身为宫监，到此赴宴，也合情合理，所以李渊没有怀疑，就高高兴兴地来了。

裴寂与李渊二人边喝边谈，开怀畅饮，十分快活。李渊一连喝了几大杯，已有了几分醉意。这时，门帘一动，环佩声响，走进两个美人，都长得如花似玉，美不胜收。俗话说：「酒不醉人人自醉，色不迷人人自迷。」裴寂让两个美人分别坐于李渊两边，向李渊劝酒。李渊已有了几分醉意，来者不拒，一杯杯倒入肚中，喝了个七颠八倒。最后竟然也不管她们是哪来的美女，只得由两个美女扶着，到寝宫去了。

李渊酣睡多时，酒已醒了大半，睁开双眼，左右一瞧，竟有两个美人陪着，不由感到奇怪。李渊打起精神，问二人的来历，二人都说是宫女。李渊当时吓得魂不附体，立即披衣跃起，出了寝宫。

李渊走了几步，正巧遇着裴寂。李渊一把拉住裴寂，口中嘟囔着裴寂的字说：「玄真呀玄真！你难道要害死我吗？」

裴寂笑着说：「你为什么这么胆小呢？别说收纳一两个宫人，就是那隋室江山，只要你愿意要，也是唾手可得。」

裴寂又劝导他说：「俗话说，识时务者为俊杰。现在隋主无道，百姓生活在水深火热之中，四方已经群雄并起，连晋阳城外也不乏盗贼。明公手握重兵，令郎也在暗中招兵买马，为什么不趁机起义，号召群雄，成就霸业呢？」

这时，李渊虽然口中连说不敢变志，但无奈退路已断。况且隋炀帝如果知道了他与宫女同寝，一定会借口杀死自己，甚至诛灭九族。现在只有反叛一条出路了。裴寂、李世民又趁机向他分析天下形势，讲清利害，终于坚定了李渊的反叛决心。后来终于[illegible]中原，建立了大唐江山。

裴寂和李世民用的就是「置之死地而后生」的办法。人往往是这样，当面前有多条道路可以选择的时候，就会瞻前顾后，犹豫不决，而一旦其它道路都被断了，只剩下一条路可走的时候，就会爆发出难以想象的潜力，化险为夷，绝处逢生。《孙子兵法》中说：「用兵作战，把军队投入亡地然后才能保存，陷入死地，而后才能得生。」古今此类战例不少，如项羽的「破釜沉舟」，韩信的「背水一战」等。

公元前208年，秦将章邯在定陶大败项梁，随后率军渡过黄河北上，围攻原赵国宗室赵王歇，将赵王歇包围在钜鹿城内。赵王歇面对强敌，一面派使者向各路义军求救。楚怀王任命宋义为上将军，项羽为副将，率军救赵。宋义率领大军来到安阳，见秦军势头强劲，竟没有引兵渡河，久留安阳不进，一连停留了四十六天。还不顾兵士们在野地里忍饥挨饿，天天饮酒聚会。项羽看到这种情况，心里非常着急。项羽催促宋义进军，宋义不但不听，反而下令谁不服从命令，就要斩首示众。项羽一怒之下，杀了宋义，率军过河。

这时，其它各路起义军已相继来到钜鹿，但都惧怕秦军，不敢与秦军主动交战。项羽率军渡过漳水后，下令将所有船只凿沉，锅、碗全部砸碎，焚毁营房，命全军只带三日食粮，义无反顾，以此来坚定士卒的必死、决战之心。结果楚军以迅雷不及掩耳之势，猛扑秦军，个个以一当十，奋勇决战，经过九次激战，终于大败秦军，解了钜鹿之围。随后，项羽又率军乘胜追击，击败二十万秦军，迫使章邯投降。秦军主力被消灭殆尽。

就在项羽「破釜沉舟」击败秦军几年之后，韩信又用「背水一战」上演了一场「置之死地而后生」的经典战例。

公元前204年，韩信奉刘邦之命于井陉一带迎战赵军。出征时，敌我力量对比悬殊，韩信审时度势，打破常规，一面挑选精兵埋伏在赵营附近，一面又派军队越过井陉口，到绵蔓水东岸背靠河水布阵。第二天，两军交战，背水结阵的汉军

于是，李世民与裴寂密谋，要采用『置之死地』的方法，切断李渊的退路，逼李渊造反。

有一天，裴寂在晋阳宫设下宴席，请李渊饮酒。晋阳宫是隋炀帝的行宫之一，李渊为太原留守，兼领晋阳宫监，裴寂为副宫监。李渊身为宫监，到此赴宴，也合情合理，所以丝毫没有怀疑，就高高兴兴地去了。

裴寂与李渊二人边喝边谈，开怀畅饮，十分快活。李渊一连喝了几大杯，已有了几分醉意。这时，门帘一动，环佩声响，走进两个美人，都长得如花似玉，美不胜收。俗话说：『酒不醉人人自醉，色不迷人人自迷。』裴寂让两个美人分别坐于李渊两边，向李渊劝酒。李渊已有了几分醉意，来者不拒，一杯杯倒入肚中，喝了个七颠八倒。最后竟然也不管她们是哪来的美女，只管由两个美女扶着，到寝宫去了。

李渊酣睡多时，酒已醒了大半，揉开双眼，左右一瞧，竟有两个美人陪着，不由感到奇怪。李渊打起精神，问二人的来历，二人都说是宫眷。李渊当时吓得魂不附体，立即披衣跃起，出了寝宫。

李渊走了几步，正巧遇着裴寂。李渊一把拉住裴寂，叫着裴寂的字说：『玄真啊玄真！你难道要害死我吗？』

裴寂笑着说：『你为什么这么胆小呢？别说收纳一两个宫人，就是那隋室江山，只要你愿意要，也是唾手可得。』

裴寂又劝导他说道：『俗话说，识时务者为俊杰。现在隋主无道，百姓生活在水深火热之中，四方已经群雄并起，连晋阳城外差不多也要成为战场。明公手握重兵，令郎也在暗中招兵买马，为什么不趁机起义，吊民伐罪，经营帝业呢？』

这时，李渊虽然口中连说不敢变志，但无奈退路已断。他深知，炀帝如果知道了他与宫眷同寝，一定会借口杀死自己，甚至诛灭九族。现在只有反叛一条出路了，裴寂、李世民又趁机向他分析天下形势，讲清利害，终于坚定了李渊的反叛决心。后来终于横扫中原，建立了大唐江山。

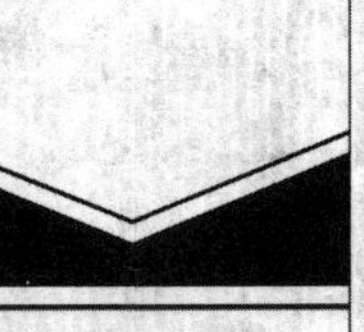

裴寂和李世民用的就是『置之死地而后生』的办法。人往往是这样，当面前有多条道路可以选择的时候，就会瞻前顾后、犹豫不决，而一旦其它道路都被斩断了，只剩下一条路可走的时候，就会爆发出难以想象的潜力，化险为夷，绝处逢生。《孙子兵法》中说：用兵作战，把军队投入亡地然后才能保存，陷入死地，而后才能得生。古代此类的战例不少，如项羽的『破釜沉舟』、韩信的『背水一战』等。

公元前208年，秦将章邯在定陶大败项梁，随后率部渡过黄河北上，围攻原赵国宗室赵王歇，将赵王歇包围在钜鹿城内。

赵王歇面对强敌，忙派使者向各路义军求援。楚怀王任命宋义为上将军，项羽为副将，率军救赵。宋义率领大军来到安阳，见秦军势头强劲，竟没有引兵渡河，久留安阳不进，一连停留了四十六天。还不顾兵士们在野地里忍饥挨饿，天天饮酒聚会。项羽看到这种情况，心里非常着急，频频催促宋义进军。宋义不但不听，反而下令谁不服从命令，就要斩首示众。项羽一怒之下，杀了宋义，率军过河。

这时，其它各路起义军已相继赶到钜鹿，但谁也不敢与秦军主动交锋。项羽率军渡过漳水后，下令将所有渡船凿沉，锅、碗全部砸烂，帐篷之类全部烧毁，命全军只带三日食粮，义无反顾，慷慨赴敌，以此来坚定士卒的必死、决战、必胜之心。结果楚军以迅雷不及掩耳之势，猛扑秦军，个个以一当十，奋勇决战，经过九场鏖战，终于大败秦军，解了钜鹿之围。随后，项羽又率军乘胜追击，击败二十万秦军，迫使章邯投降，秦军主力被消灭殆尽。

就在项羽『破釜沉舟』击败秦军几年之后，韩信又用『背水一战』上演了一场『置之死地而后生』的经典战例。

公元前204年，韩信奉刘邦之命于井陉一带迎敌赵军。当时，敌我力量对比悬殊，形势极为严峻。韩信审时度势，打破常规，一面挑选精兵截断敌人后路，一面又派军队越过井陉口，到绵蔓水东岸背靠河水布阵。第二天，两军交战，背水结阵的汉军

士兵看到前有强敌，后有水阻，无路可退，只能拼死一战。全军上下勇猛无比，一鼓作气杀败赵军，大获全胜。

胜利之后，有人问韩信：「将军令我们背水为阵，这显然犯了兵家之大忌，为什么竟然取得了胜利呢？」韩信说：「我这样做也是出自兵法的。兵法上说：「陷之死地而后生，置之死地而后存」。两军对垒之时，稍有不利，有的士兵就可能想到逃命。而置之死地之后，兵士们无路可退，便会拼死作战。这就是我们取胜的原因。」这场战役后，人们都称赞韩信很有谋略。

「存」与「亡」既相互依赖、相互依存，又相互对立，在一定条件下还可以相互转化，这就是「物极必反」的原理。只有置身于绝地之中，才能激励起敢死之心，调动起所有的聪明才智，无所畏惧，奋力拚搏，取得正常情况下难以想象的成功。但是，这种方法也不能生搬硬套，如果像三国时的马谡一样，不经过仔细的分析判断就到没有水源的山顶上扎营，企图使士兵「置之死地而后生」，而不考虑其它的条件和因素，结果只能落得一败涂地。

故善用兵者，譬如率然。率然者，常山之蛇也。击其首则尾至，击其尾则首至，击其中则首尾俱至。敢问：兵可使如率然乎？曰：可。夫吴人与越人相恶也，当其同舟而济遇风，其相救也如左右手。是故方马埋轮，未足恃也；齐勇若一，政之道也；刚柔皆得，地之理也。故善用兵者，携手若使一人，不得已也。

注释

故善用兵者，譬如率然：汉简本「兵」作「军」，「譬」作「辟」，《御览》卷二七〇、三一三所引「率」作「帅」。

率然：古代传说中的一种蛇。《神异经·西荒经》：「西方山中有蛇，头尾差大，有色五彩。人物触之者，中头则尾至，中尾则头至，中腰则头尾并至，名曰率然。」常山：汉简本「常」作「恒」。常山，即恒山，为避汉文帝刘恒讳而改名为常山。击其中则首尾俱至：汉简本「中」下有「身」字。兵可使如率然乎？曰：可：汉简本「如」作「若」，樱田本、《长短经·蛇势》所引无「兵」字，樱田本「可」下有「矣」字。夫吴人与越人相恶也：汉简本「夫吴人与越人」作「越人与吴人」。恶：憎恨仇视。《左传·隐公三年》：「周郑交恶。」杜预注：「两相疾恶。」当其同舟而济遇风：汉简本「舟」作「周」，「济」下有「也」字，无「遇风」二字，樱田本「而济」作「济而」。

方马埋轮，未足恃也：樱田本无「也」字。曹操曰：「方马，缚马也。埋轮，恃不动也。此言专难不如权巧。故曰：虽方马埋轮，不足恃也。」李筌曰：「投兵无所往之地，人自斗。如蛇之首尾，故吴越之人，同舟相救，虽缚马埋轮，未足恃也。」杜牧曰：「缚马使为方阵，埋轮使不动，虽如此，亦未足称为专固而足为恃。」历代注家多宗曹注，但也有不同的见解，《〈孙子〉会笺》经过考证认为，「方马埋轮」之「方」与「埋」均应理解为「并」。「「方马」：各家皆宗曹注，解「方」为「缚」。易培基云：「方无训为缚马者。方字盖某字之讹。綦之古文作亓，与方近，后人不喻亓字而改为方也。」按：「綦」、「方」皆有「并」义。《谷梁传·昭公二十年》：「两足不能相过，齐谓之綦。」钟文烝《补注》引刘兆云：「綦，连并也。」而「方」，《说文》：「并船也」，《尔雅·释水》「大夫方舟」注：「并两船」，《后汉书·班固传》「方舟并骛」注：「并两舟也」。又，「方」可训「比」，《论语·宪问》「子贡方人」，即言比人。而「比」亦有「并」义。《书·牧誓》「比尔干」即言并尔干。故「方马」可解为「并马」。于鬯说同，叶大庄《退学录》则以「方」、「放」古通，谓「方马」即「放马」，「弃马而徒步」之意。然杀马而肉食者，古固有之；今有马而弃之，以与敌决死，则未之闻也。「埋轮」：各本皆如此，唯黄巩《集注》作「理轮」，

并解「理」为「缮修」，言「人心不齐，地势不明，而徒修尔车马，何益之有？」按「理」固可训为治其车具，然马言「并」而轮言「治」，则觉不类，且「修尔车马」，未着「方」字之义，亦似未周。诸家多宗曹注，以「理」为「埋」。「埋轮」者，「示不动也」，于鬯云：「曹注以方马为缚马，埋轮为示不动，似太可哂。夫既缚其马，又不动其轮，自然未足恃，又何必言之！」曹、杜等家谓「方马埋轮」乃徒步死战之意，然如此勇于决死既未足恃，何下文又言「齐勇若一」乃足恃耶？故此解似于上下文意有碍。于鬯谓「埋」当作「厘」，而「厘」亦有「并」义，并引《方言·陈楚篇》云：「陈、楚之间，凡人兽乳而双产谓之厘孳」；又引《广雅·释诂》云：「厘、李也」，皆「并」之义。故「厘轮」即言「并轮」。「并马并轮」者，谓齐一其车马也。齐一其车马，未足恃也，惟齐一其勇为足恃。故下文云：「齐勇若一，政之道也。」「齐勇若一」，即对「方马埋轮」而言。「方马厘轮，见陈法之严整，正足恃者，而犹以为未足恃，所以起下文也」。按于说有理。又，《楚辞·国殇》有「霾两轮兮絷四马」，此「霾」或借为「薶」，通作「埋」，唯此言「埋轮絷马」系言若战败则车轮陷没、战马被绊之惨象，与孙子此义似有不同。」

齐勇若一，政之道也：樱田本「若」作「如」。梅尧臣曰：「使人齐勇如一心而无怯者，得军政之道也。」齐：同心协力。《荀子·议兵》：「民齐者强，民不齐者弱。」杨倞注：「齐，谓同力。」正：通「正」，治理。《荀子·王制》：「王者之法，等赋，政事，财万物，所以养万民也。」梁启雄释：「政读为正。」刚柔皆得，地之理也：曹操曰：「强弱一势也。」李筌曰：「刚柔得者，因地之势也。」王皙曰：「刚柔，犹强弱也。言三军之士，强弱皆得其用者，地利使之然也。」携手若使一人，不得已也：樱田本「若」字在「携手」前。曹操曰：「齐一貌也。」李筌曰：「理众如理寡也。」张预曰：「三军虽众，如提一人之手而使之，言齐一也。」

译文

善于用兵的人，他所指挥和部署的部队如同「率然」一样。「率然」，是常山地方一种蛇。打它的头部，尾巴就会来救应；打它的尾部，头部就会来救应；打它的中部，头尾都会来救应。试问：可以使军队像「率然」一样吗？回答是：可以。吴国人和越国人是互相仇视的，但当他们同船渡河而遇上大风时，也会如同人的左右手一样很自然地相互救援。所以，即使并车并马这种严整的方式列成的阵势也是不足恃的。要使三军齐心协力奋勇作战如同一人，依赖的是对军队的管理。要使强弱不同的士卒都能发挥战斗力，依靠的是巧妙地利用地形。所以，善于用兵的人，能使全军上下携手团结如同一人，这是将军队置于不得已的境地下的结果。

评点

指挥千军万马的军队打仗，三军之间的协调配合是非常重要的。如果协调不好，必然会遭受失败。而要有效地协调三军的行动，就不能不讲究阵法。孙子在这里所说的三军要像「率然」之蛇一样，其实就是要求军队通过阵法来相互配合。

讲究阵法是古代战术思想中常见而且非常重要的内容。魏晋以前并无「阵」字，阵都写作陈。「阵」字是在王羲之《小学章》中作为「别字」才首次出现的，以后逐渐被人们使用，并用来追改了这之前《六韬》、《论语》等书中用于战陈、行陈等意义的「陈」字。「陈」的本义是「陈列」、「布置」，在军事行动中，就是军队各部分的作战队列的安排与变化。「阵法」一词最早出现在《六韬·犬韬·均兵》中，它是古代兵家总结作战中兵力布置对于战争效果的经验教训而积累起来的，形成于春秋战国时期调整队形、布置兵力的方法。

岳飞曾说：「阵而后战，兵法之常」（《宋史·岳飞传》）。军队在战斗时，必须根据具体情况而先布置为一定的战斗队列或队形，即布「阵」，然后军队才能迎击敌人，或者去冲击敌人的阵势。《司马法·严位》中有句名言，说「凡战，非阵之难，使人可阵难，非使可阵难，使人可用难。」也就是说，布阵并不是什么高深莫测的难事，关键在于使每个士卒都能理解阵法所要求的战斗布置，这其中真正为难的事是如何最合理地将每个士卒安排到阵法所要求的最适当的战斗岗位上去，使

他们能发挥出最大的战斗力。阵法的最终目的，就是使将士之间能够很好地配合。

归纳起来，阵法作为古代战术思想的重要内容，在古代战争中的作用主要有四个：

其一，严格队列队形。宋代专门研究阵法的赵禼说：『置阵之法，以结队为先。』（《宋史·兵志九》）阵的作用首先在于使士兵在战斗中依照严格的编制保持最适当的队列队形，在战斗中，将帅要将作战意图贯彻于全军，如『心使臂、臂使指』一样地指挥作战，要使数千、数万乃至更多的军队协调配合的作战而又能在特殊情况下各自为战，这就要求全军在战场上按严格的编制排列为一定的队列队形投入战斗。这就是《司马法·严位》所强调的『凡战之道，位欲严』，所谓的『位』，就是指兵士在队列中的位置；所谓位『严』，就是要『立卒伍，定行列，正纵横』，古代的阵法，其实就是根据作战需要而按军队的编制排列成一定的队形的作战方法，以便于指挥，进止统一。正如《武经总要》卷八所说：『阵法者，所以训齐士众，使其上下如一，前后左右，进退周旋，如身之使臂，臂之使指，无不如意。』

其二，充分发挥军队的战斗力。古人研究阵法的主要目的之一，就在于在战斗中最大限度地发挥各种兵种、各种武器的战斗力。古代的军队有车兵、步兵和骑兵，兵器也多种多样。战车便于摆开队形在广阔的战场上对敌发起进攻，又便于结成车营进行临时性的防御；步兵的特点是机动灵活，能攻能守，特别是善于越险登高，克服各种地形的障碍，且能进行较为持续的战斗；骑兵的特点是迅速，灵活、冲击力强，善于进行长途的追袭。如何在战斗中充分发挥三个兵种的长处，使三者进行最佳的组合，协同作战，从而形成最大的集团战斗力，这常常是制定各种阵法的主要内容。

其三，适应与利用地形。在广阔的战场上作战，必然会遇到各种各样的地形条件，根据各种不同的地形条件而进行的不同安排与部署，就是使用不同的阵法。孙子说：『夫地形者，兵之助也。料敌制胜，计险厄远近，上将之道也。知此而用战

者必胜，不知此而用战者必败。』（《孙子兵法·地形》）后世各种阵法的制定，无不遵循这一原则。戚继光在东南沿海抗倭时，『南方多茹薮泽，不利驰逐，乃因地形制阵法』（《明史·戚继光传》），创造出最宜于沿海地区的鸳鸯阵，而他到了塞外北疆对付蒙古骑兵时，又按『水因地而制流，兵因地而制胜』的道理，『乃设立车营，车一辆用四人推挽，战则结方阵而马步处其中』（同上）的『四方平定阵』法。这些阵形的变化，都是为了适应地形的不同，以充分利用地利。

其四，适应敌情变化。战争中双方都在随机应变，敌情是千变万化的，军队的部署必须适应这些变化而采取相应的措施，在古代，反映在战斗过程中，也就是采取不同的阵法。根据敌方的攻守态势、兵种构成、主要兵器、战斗力素质等因素的不同，都可以采用不同的阵法。即使在一场战斗中，如果敌情发生了变化，也应当对阵法做出相应的改变。隋朝大将杨素在与突厥作战时，先是采取守势，『虑胡骑奔突，皆以戎车步骑相参，舆鹿角为方阵，骑在其内』，当他决定转守为攻时，遂『悉除旧法』令诸军为『奇阵』，大获全胜，『杀伤不可胜计，群虏与哭而去』（《隋书·杨素传》）。古代阵法千变万化，但无论如何布阵，阵式如何变化，总有一定的规律可循，都要遵循布阵的基本要求。都要『因地，因敌，令阵』（《司马法·定爵》）。在阵的运用上，古代兵家强调『阵无定形』，既要虚心学习前人留下的阵法、阵图，以研究和继承其中的宝贵经验，又不能以教条主义的态度去生搬硬套这些阵法、阵图。《司马法·定爵》中说：『阵，巧也』，宗泽向岳飞授阵图说：『阵而后战，兵法之常；运用之妙，存乎一心』（《宋史·岳飞传》）。阵法的『巧』、『妙』，就是要根据具体情况对阵法进行灵活运用，不能强执一图、机械执行。正如《武经总要》卷八所说：『废阵形而用兵者，败将也；执阵形而求胜者，愚将也。』

阵作为古代战术最重要的组成部分，在作战指导上有其特殊的重要作用，在运用中既有规律可循，又要灵活变通。总而言之，必须根据主客观情况的变化，用灵活有效的军队布列方式，达到战胜敌人、取得胜利的效果。

将军之事，静以幽，正以治。能愚士卒之耳目，使之无知；易其事，革其谋，使人无识；易其居，迂其途，使民不得虑。帅与之期，如登高而去其梯；帅与之深入诸侯之地，而发其机，焚舟破釜，若驱群羊，驱而往，驱而来，莫知所之。聚三军之众，投之于险，此谓将军之事也。九地之变，屈伸之利，人情之理，不可不察也。

注释

将军之事，静以幽，正以治：曹操曰：「谓清净幽深平正也。」张预曰：「其谋事则安静而幽深，人不能测；其御下，则公正而整治，人不敢慢。」将：主持，驾驭。《吕氏春秋·执一》：「军必有将。」高诱注：「将，主也。」静：沉着，冷静。《荀子·仲尼》：「福事至则和而理，祸事至则静而理。」韩愈《与祠部陆员外书》：「其趋事静以敏，着美名而负屈称。」岳飞《奏乞出师札子》：「俾臣得一意静虑，不以兵食乱其方寸。」幽：深邃，隐秘。正：公正合理，不偏颇。汉刘向《列女传·齐伤槐女》：「刑杀不正，贼民之深者也。」晋袁准《刑法》：「法出而不正，是无法也。」治：治理严明。

能愚士卒之耳目，使之无知：汉简本「使之无知」作「使无之」。李筌曰：「为谋未熟，不欲令士卒知之，可以乐成，不可与谋始。是以先愚其耳目，使无 见知。」张预曰：「士卒懵然无所闻见，但从命而已。」梅尧臣曰：「军之权谋，而不使知之。」愚：蒙蔽，欺骗。曹操曰：「愚，误也。民可与乐成，不可与虑始。」杜牧注：「言使军士非将军之令其它皆不知，如聋如瞽也。」宋洪迈《容斋三笔·孙宣公谏封禅等》：「将以愚下民，则下民不可愚。」

易其事，革其谋，使人无识：汉简本「人」作「民」。李筌曰：「谋事或变，而不识其原。」梅尧臣曰：「改其所行之事，变其所为之谋，无使人能识也。」易：改变，更改。《书·盘庚中》：「今予告汝不易。」孔颖达疏：「郑玄云：我所以告汝者不变易。」班固《答宾戏》：「风移俗易，乖迕而不可通者，非君子之法也。」革：更改，变革。《书·多士》：「惟尔知惟殷先人，有册有典，殷革夏命。」《文心雕龙·明诗》：「宋初文咏，体有因革。」《新唐书·张九龄传》：「国

家赖智能以治，而常无亲人者，陛下不革以法故也。」《明史·西域传四·别失八里》：「天用是革其命，属之于朕。」识：知道，了解。《诗·大雅·皇矣》：「不识不知，顺帝之则。」王安石《送吴显道》诗之二：「欲往城南望城北，此心炯炯君应识。」

易其居，迂其途，使民不得虑：汉简本「迂」作「于」。梅尧臣注：「更其所安之居，迂其所趋之途，无使人能虑也。」虑：思考，谋划。《书·太甲下》：「弗虑胡获，弗为胡成。」《史记·淮阴侯列传》：「智者千虑，必有一失；愚者千虑，亦有一得。」韩愈《上张仆射第二书》：「虽岂弟君子，神明所扶持，然广虑之，深思之，亦养寿命之一端也。」

焚舟破釜：十一家注本有此四字，武经本、樱田本、平津馆本其它注本皆无，王念孙、赵本学等即疑其「类注文」而非原文。《孙子校释》、《〈孙子〉会笺》也均认为不应有此四字。「《校解》云：「一本机下有焚舟破釜四字，非是。」按孟明固曾焚舟伐晋，然破釜沉舟乃项羽事；且此言决心，与下文「若驱群羊」文意亦不相属；故应依《略解》、《校解》删。汉简于「发其几」下即接「若驱群羊」，可见此四字本无，乃后人臆增之也。」

此谓将军之事也：樱田本、平津馆本无「谓」字。九地之变，屈伸之利，人情之理，不可不察也：汉简本「屈伸」作「诎信」。曹操曰：「人情见利而进，遭害而退。」张预曰：「九地之法，不可拘泥，须识变通，可屈则屈，可伸则伸，审所利而已，此乃人情之常理，不可不察。」人情：人心，众人的情绪、愿望。《后汉书·皇甫规传》：「而灾异犹见，人情未安者，殆贤遇进退，威刑所加，有非其理也。」《北齐书·卢文伟传》：「善于抚接，好行小惠，是以所在颇得人情。」叶适《淮

西论铁钱五事状》：『近岁私铸铁钱散漫江淮，公私受弊，人情摇动。』《续资治通鉴·宋太宗太平兴国四年》：『世宗时，史超败于石岭关，人情震恐，故师还。』

译文 统帅军队、主持军事行动，要沉着冷静而幽深莫测，公正严明而治理有方。要能蒙蔽士卒的耳目，使他们对于行动无所知；经常改变行事和计划，使人无法识破用意；不时变换驻地，故意迂回行进，使人无从捉摸意图。将帅向军队下达了作战任务，就要像登高而抽去梯子一样，使士卒没有退路。将帅率领士卒深入诸侯国土，就要像弩机发出的箭一样，让士卒一往无前。要使指挥士卒如驱赶羊群一样，赶过去又赶过来，使他们不知道究竟要到哪里。集结全军之众，把他们置于危险的境地，这就是统帅军队要做的事情。各种地形的灵活处置，攻防进退的利害得失，官兵上下的心理变化，都是将帅不能不研究和考察的。

评点 孙子的这段论述，可以说精华和糟粕并存。其精华是，他提出了军队必须严格纪律和法制的思想，其糟粕则在于，这段论述是他的『愚兵』政策的集中体现。

军队必须有严格的组织和纪律，这是军队能够战无不胜的保障，也是我国古代兵家的共识。《吴起兵法·论将》中说：『夫鼙鼓金铎所以威耳，旌旗麾帜所以威目，禁令刑罚所以威心。耳威于声，不可不清；目威于色，不可不明；心威于刑，不可不严。三者不立，虽有其国，必败于敌。故曰，将之所麾，莫不从移；将之所指，莫不前死。』《尉缭子·战威》中说：『令者一众心也。众不审则数变，数变则令虽出众不信矣。故令之之法，小过无更，小疑无申。故上无疑令，则众不二听，动无疑事，则众不二志，未有不信其心而能得其力者也，未有不得其力而能致其死战者也。』诸葛亮《将苑·威令》中也说：『夫一人之身，百万之众，束肩敛息，重足俯听，莫敢仰视者，法制使然也。若乃上无刑罚，下无礼义，虽有天下，富有四海，而不能自免者，桀纣之类也。夫以匹夫之刑令以赏罚，而人不能逆其命者，孙武、穰苴之类也。故令不可轻，势不可通。』可见，重法令历来都是我国古代兵家的共识。

『愚兵』是在中国古代兵家思想中普遍存在的观念。在他们看来，将的职责是『治人』，兵的职责就是『治于人』。从根本上看，在作为统治者的兵家眼里，士卒根本就不是人，而只是一群能够达到他们的目的和欲望的活的工具。为了收买人心，将必须爱兵，但那也只是一种收揽人心的手段而已，其目的就是让士卒心甘情愿地听从将领的驱使。孙子这里所提出的使之『无知、无识、无虑』，像驱使群羊一样，将其投之于死地而使其拼命作战；吴起也说强调法令的目的就是『将之所麾，莫不从移。将之所指，莫不前死』；《尉缭子》不但提倡推行军内连保制，甚至说：『古之善用兵者，能杀士卒之半，其次杀其十三，其下杀其十一。能杀其半者，威加海内；杀十三者，力加诸侯；杀十一者，令行士卒。故曰：百万之众不用命，不如万人之斗也。万人之斗，不如百人之奋也。』（《尉缭子·兵令下》）为了能够『威加海内』，甚至不惜『杀卒之半』，充分显示了在军队内部将领与士卒之间的严重对立关系。这些主张在今天看来，都是应当予以批判的。

凡为客之道，深则专，浅则散。去国越境而师者，绝地也；四达者，衢地也；入深者，重地也；入浅者，轻地也；背固前隘者，围地也；无所往者，死地也。是故散地吾将一其志，轻地吾将使之属，争地吾将趋其后，交地吾将谨其守，衢地吾将固其结，重地吾将继其食，圮地吾将进其途，围地吾将塞其阙，死地吾将示之以不活。故兵之情：围则御，不得已则斗，过则从。

注释 为客之道：汉简本无『之道』二字。去国越境而师者，绝地也：汉简本『境』作『竟』。去国：离开本国。《礼

记·曲礼下》：『去国三世，爵禄有列于朝，出入有诏于国。』南朝宋谢灵运《山居赋》：『狭三间之丧江，矜望诸之去国。』师：指出兵征伐，进军。《周礼·春官·肆师》：『凡师，甸用牲于社宗，则为位。』贾公彦疏：『师，谓出师征伐。』《新唐书·段秀实传》：『嗣业因请宰遂东师，以秀实为副。』绝地：一说为除『散地』外越境作战的情况。赵本学曰：『去国去己之国，越境越人之境。绝，绝望之意。此篇无绝地之文，此特因上文诸侯自战其地为散地之句，而反审言之。』一说处于『轻敌』和『散地』之间的一种情况。梅尧臣曰：『进不及轻，退不及散，在二地之间也。』

四达者：汉简本『达』作『彻』，武经本、樱田本作『通』。背固前隘者，围地也；无所往者，死地也：汉简本此句残缺，但所存简文与传本差距颇大，作『倍固前□□□□倍固前适者死地也毋所往者穷地也』，而各传本均无『穷地』。背固前隘：背后险要，前面狭隘。一：统一，专一。轻地吾将使之属：汉简本『属』作『偻』，《通典》卷一五九所引『之』作『其』。属：连接。曹操曰：『使相交属。』李筌曰：『使相及属。』争地吾将趋其后：汉简本『趋其后』作『使不留』，《通典》卷一五九所引『趋』作『趣』。曹操曰：『地利在前，当速进其后也。』

交地吾将谨其守：汉简本作『交地也，吾将固其结』，《长短经·地形》、《通典》卷一五九所引作『交地吾将固其结』。《〈孙子〉会笺》认为『谨其守』应较『固其结』为善。『「固其结」明以预交诸侯而言，亦即前「衢地则合交」之义。「交地」既非「诸侯三属」之地，何得以「固其结」解之？故仍依各本作「谨其守」。前「交地则无绝」，言处交地则慎勿出断敌人通路，而当严守壁垒，慎为守备，即此义。于说谓「守」应作「市」，云：「市者，卖也，相卖者，相欺也，则安得不谨？」按此虽有理，但非交地之义，故未可从。』固其结：汉简本作『谨其恃』，《通典》卷一五九所引作『谨其市』。固其结，即巩固与诸侯之间的结盟。

继其食：补充粮草。曹操曰：『掠彼也。』继：增益，接济。《墨子·非命上》：『绝长继短。』《论语·雍也》：『君子周急不继富。』进其途：迅速通过。曹操曰：『疾过也。』李筌曰：『不可留也。』塞其阙：堵塞缺口。曹操曰：『以一其心也。』于鬯曰：『围地者，谓地之围，非谓被兵围也。被兵围则是死地，非围地矣。故上文云：所由入者隘，所从归者迂，彼寡可以击吾之众者，为围地。又云：背固前隘者，围地也。是明指地言。且彼可以寡击我之众，若兵围我，岂能以寡围众乎？盖其地实亦险阻而少出路耳。塞其阙者，乃并其所有之出路而塞之，以示久居其地，如闭门守城之状，待敌懈而后出击之，所谓围地则谋也。杜牧引兵法围师必阙云云，……以及诸家说属兵围者，皆非围地之说也。』

兵之情：汉简本作『□侯之请』。围则御，不得已则斗，过则从：汉简本『为』作『杳』，樱田本『过』作『逼』。历来对『过则从』一句歧见颇多，《〈孙子〉会笺》认为，当从曹注：『陷之甚过，则从计也。』即在陷入及其危险的境地时，士卒就听从指挥。『各家多宗曹注，谓陷之太甚，则从计听命之意，而李注则谓「过则审蹑」，赵《解》又谓「过」乃指「已过险地」，于鬯则谓「破围而出，则逞此锐气以从敌」，《菁华录》又以「过」为「责」，言责之则听，钱基博《章句训义》则谓「过」乃「祸」之假。按本节所言乃处「亡地」、「死地」之心理状态，下文明言「投之亡地然后存，陷之死地然后生」，结尾又为「陷于害」，而本句又一言「围」，再言「不得已」，故「过则从」必非他指，而指陷之太甚，则士听命，曹注是。』

译文 进入敌国境内作战的规律是：深入敌境则军心坚定，越浅则军心越容易涣散。离开本国进入敌境进行作战的，称为绝地；四通八达的地方，叫做衢地；进入敌境纵深的地方，叫做重地；进入敌境很浅的地方，叫做轻地；后有险阻前路狭窄的地方，叫做围地；无路可走的地方，叫做死地。因此，在散地，要统一官兵的意志；在轻地，要保证队伍的前后连接；在争地，要催促后军迅速前进；在交地，要谨慎地加强防守；在衢地，要巩固与其它诸侯国的结盟；在重地，要保障粮草的供应；在圮地，

要迅速率军通过；在围地，要堵塞所有的缺口；在死地，要向士卒显示必死的决心。所以，士卒的心理变化规律是：陷入包围时就会竭力抵御，迫不得已时就会拼死战斗，处于绝境时就会听从指挥。

评点 在不同的地形，要用不同的战略战术方针，这条军事原则运用到现实生活中，就是要根据不同的情况采用不同的进退策略。进取当然好，但偏激了就不好；好的名声当然好，但因此招来祸患也不好。人生的原则和标准固然应当恪守，但在不同情况下，也要有不同的应对策略。

西汉初年，吕后用萧何的计谋杀掉了韩信。刘邦此时正在外平叛，听到韩信已被诛杀后，派使者回来，任命萧何为相国，同时加封五千户，并派五百士兵及一名都尉做为相国的侍卫。

诸位官员听说萧何加官进爵了，都来祝贺，只有召平为此忧心忡忡，他对萧何说：『您的祸害从此开始了。皇上奔波于外，而您一直驻守京城之内，没有风霜之苦，没有刀兵之险，却得到加封晋级，并且还为您专门设置了卫队，这恐怕不是为了保护您吧。因为淮阴侯韩信起来造反，皇上对您也产生了怀疑。现在希望您能把皇帝的封赏推辞掉，不要接受，把全部家财用以资助军队，以消除皇上的疑心。』萧何接受了召平的建议。刘邦见萧何这样做，非常高兴，也就没有什么可疑虑的了。

这年秋天，黥布反叛，刘邦又要亲自率军征讨，出征前后，刘邦曾数次派使者来，打听萧何在做什么。萧何说：『皇上亲征，我在内安抚和勉励百姓，尽其所有帮助军队，像皇上上次讨伐陈豨时所做的一样。』

不久，又有一个门客对萧何说：『现在您离灭族不远了。您处于相国的高位，功劳无与伦比，各方面都已经无以复加。进入关中以来，十余年来您一直深得民心，而且目前还在孜孜不倦地为老百姓做事。皇上之所以数次问您在做什么，是害怕您在老百姓中的威信太高，影响整个关中地带，威胁他的威望。现在您应该做的是多买一些田地，借此损污自己的名声，降低自己的口碑，这样皇上的心就安宁了。』萧何采纳了他的计谋，用低价强买了许多民田和民宅，老百姓都对他大为不满。刘邦还京时，还有百姓拦路喊冤，控诉萧何的行为。皇上听了，心中不但没有感到萧何做得过分，反而对他更放心了。

好的名声是谁都期望得到的，但有时候，名声会成为自己成功的累赘，甚至招灾惹祸的根源，尤其是在险恶的环境中，更应该时时注意不要树大招风或者功高盖主。如果一旦发生了这种情况，就要像萧何所做的一样，除了要千方百计显示出自己对别人构不成威胁外，还要采取一些措施适当地降低一下自己的声望。

其实，借买田以自污并非萧何的原创，战国末期时秦将王翦就采用过这种方法对付秦王嬴政。在秦国统一六国的时候，秦王令王翦率兵六十万，讨伐楚国。出征前，王翦向秦王提出，请求赏给自己一些良田美宅。嬴政说：『将军放心去吧，如果能够建功立业，怎么还用得着担心受贫呢？』王翦就说：『我做大王的将军，纵然有功最终也不能封侯，所以趁着大王赏我酒饭的时候，我也想趁机请求赏我些田地，以为日后作些长远的打算，并把它们作为子孙后代的家业。』秦王听罢大笑。

王翦到了潼关之后，又五次派遣使者返回长安，向秦王请求良田。有人对此不解，说：『将军这样要求田园，显得太着急了吧！』王翦说：『不是那样。我深知秦王为人粗心、狭隘，而且对人不信任。现在他把全国的军队交给我一个人，心里肯定不踏实。如果我不多多请求要田宅，让他知道我贪图安逸，想过稳定的生活，难道还等着秦王来怀疑我吗？』

明代的冯梦龙在自己所编著的《智囊》一书中，曾对这种『自污以求免于杀身之祸』的谋略给予了称赞和肯定。他把这种谋略称作委蛇，即『委婉和顺，但不因循』，并且说，委蛇之道，在完满之中似乎有了一些缺陷。但它就像莲花在污泥中一样，入于污泥而后才能保持它洁净的本身。运用这种办法，就能消灭凶灾，获得吉利。

南宋时候，岳飞和韩世忠命运的对比正说明了这个道理。

宋朝是经历五代之乱后建立起来的，因为看到此前多次武将拥兵叛乱或者夺权，所以从北宋开国始，就对武将充满了戒备。岳飞和韩世忠都是当时领有重兵的名将，所以也都成为赵构心头的大患。

南宋诸将中，以张俊为最贪，而当时颇受宋高宗重视。也许是受此启发，有一次，韩世忠因故被罢官，罢官之后，他就杜门谢客，绝口不再谈领兵打仗的事情。不仅如此，他还常常骑着驴，带着酒，领着一两个童仆，在西湖一带游乐，并曾经与人商议买新淦县的官田。高宗听说后，十分高兴，御笔亲书将新淦县的官田赏赐给他，并给他的村庄赐名为「旌忠」，说「卿遇敌必克，打了胜仗也不侵扰百姓。听说想买新淦的田地为子孙打算，现在就把这块官田赏赐给您，以表彰您的忠心。所以就把这个田庄称作「旌忠」吧」。

韩世忠效法前人买田宅以自污，但岳飞却是绝对不肯自污的。岳飞虽也为将多年，但他从不贪财，不好色，不扰民，深得民心和军心。他被害死后抄家时，家里仅有现金一百余千，其它的如粮食、衣物、布帛等项合计起来，也不过仅值钱九千余串。带兵多年，家产只有这一点，其清廉可见一斑。诸将皆贪财，他偏不贪财，诸将都贪图享乐，他偏不贪图享乐，在高宗看来，他的志向肯定不小，这就难免引起高宗的疑忌了。而他又不知像韩世忠等人一样适当地掩饰自己的清白，因此被迫害也就不难理解了。

南宋初年，抗金将领都各以自己的姓作旗号，如张家军、岳家军之类。朝廷始终对此忐忑不安，疑惧他们专横欺上。韩世忠和岳飞同为当时的名将，但结局迥然不同。原因就在于岳飞过于正直，韩世忠善于明哲保身。对于整个民族和国家的长远而言，岳飞这样的人更需要，也更值得敬重。但是，如果丝毫没有保全自己的意识，「出师未捷身先死」，也是于事无益，不值得提倡的。

是故不知诸侯之谋者，不能预交；不知山林、险阻、沮泽之形者，不能行军；不用乡导者，不能得地利。四五者，不知一，非霸王之兵也。夫霸王之兵，伐大国，则其众不得聚；威加于敌，则其交不得合。是故不争天下之交，不养天下之权，信己之私，威加于敌，故其城可拔，其国可隳。施无法之赏，悬无政之令，犯三军之众，若使一人。犯之以事，勿告以言；犯之以利，勿告以害。投之亡地然后存，陷之死地然后生。夫众陷于害，然后能为胜败。故为兵之事，在顺详敌之意，并敌一向，千里杀将，此谓巧能成事者也。

注释

是故不知诸侯之谋者，不能预交；不知山林、险阻、沮泽之形者，不能行军；不用乡导者，不能得地利：这几句已见于《军争篇》，此篇重出。四五者，不知一，非霸王之兵也：樱田本「四五」前有「此」字，汉简本、樱田本「不知一」作「一不知」，汉简本「霸王」作「王霸」。四五者：曹操注曰：「四五者，谓九地之利害。」霸王：古称有天下者为王，诸侯之长为霸。《礼记·经解》：「义与信，和与仁，霸王之器也。」《管子·度地》：「能为霸王者，盖天子圣人也。」

夫霸王之兵，伐大国，则其众不得聚：汉简本「夫」作「彼」，《御览》卷三〇四所引「其众」作「其兵众」。本句及下句「其」均指敌国。即所「伐」的「大国」。

威加于敌，则其交不得合：《御览》卷三〇四所引「敌」下有「家」字。李筌曰：「夫并兵震威，则诸侯自顾，不敢预交。」

不争天下之交，不养天下之权，信己之私，威加于敌：《御览》卷三〇四所引「争」作「事」，「信」作「伸」，樱田本「养」作「夺」。曹操曰：「交者，不结成天下诸侯之权也，绝天下之交，夺天下之权，故威得伸而自私。」李筌曰：「能绝天下之交；

通得伸己之私志，威而无外交者。」杜牧曰：「言不结邻援，不畜养机权之计，但逞兵威加于敌国。」

故其城可拔，其国可隳：汉简本作「……可拔也，城可隳也」，《御览》卷三〇四所引作「故其国可拔而其城可隳也」。樱田本「隳」作「堕」。隳：毁坏。《老子》：「或行或随，或嘘或吹，或强或羸，或载或隳。」陆德明释文：「隳，毁也。」《吕氏春秋·必己》：「合则离，成则毁。」高诱注：「隳，废也。」平注《宋文阁待制陌公墓志铭》：「请河溢，隳城十丈。」

施无法之赏，悬无政之令：汉简本无「施」和「悬」，「政」作「正」。《御览》卷三〇四所引「政」作「攻」。无法：指超越常法。悬：公布。白居易《进士策问》之四：「国朝之制，悬在有司。」曹操曰：「言军法令不豫施悬之。《司马法》曰：「见敌作誓，瞻功作赏。」」

犯：用。曹操曰：「犯，用也。言明赏罚，虽用众，若使一人也。」唐司空图《二十四诗品·缜密》：「语不欲犯，思不欲痴。犹春于绿，明月雪时。」金王若虚《滹南诗话》卷下：「意有同然之理，人有同然之意，语意全不见犯。」

犯之以利，勿告以害：汉简本作「……害，勿告以利」。《孙子校释》与《〈孙子〉会笺》以为应依汉简本。「犯之以害」亦即「投之亡地」、「陷之死地」之义，下文明言「陷于害」，若依旧文，则与此文意不合，故应依汉简本。「犯之以害」，使士卒无丝毫生之心，非拼命死斗无以存活也。历来各家沿袭旧文，并以「人情见利则进，见害则避」为解，谓未之。若必言「勿告以害」，则下文又何言「陷于害，然后能为胜败」？且既「陷于害」，又何「利」之有？」

投之亡地然后存，陷之死地然后生：汉简本「投」作「芉」，「然」下有「而」字。《太白经·刺事》所引作「陷之死地而后生，投之亡地而后存」。曹操曰：「必殊死战，在亡地无败者。孙膑曰：「兵恐不投之死地也。」」李筌曰：「兵居死地，必决命而斗以求生。韩信本于此，见其义也。」

能为胜败：汉简本作「能为败……」。「关于「能为胜败」，

众说不一。《直解》谓「为救之胜，而制敌之败」。「按：此说无义，岂有为救之败而制胜之胜乎？故《解》只以「胜败」二字解，而以「败」为「胜」。《详义》谓「胜于己败」，梅注谓「胜败之事在人为」。查十一家注有「能为胜败」，言能充分发挥主观能动作用，则可掌握战争主动权而主宰战争之命运。此主观能动作用，在一般情况下固须发挥，在「陷于害」之不利情况下尤其重要，是否能化害为利，转败为胜，变危亡为存活。孙子之意盖指此。」

顺详：谨慎的审察。顺：通「慎」，谨慎。《荀子·强国》：「故为人上者，不可不顺也。」杨倞注：「不可不顺义。或曰：「顺」当为「慎」。」《荀子·劝学》：「故君子不傲不隐不瞽，谨顺其身。」王先谦集解引卢文弨曰：「「顺」，宋本作「慎」。」详：审察。审：理。《资治通鉴·魏元帝景元元年》：「且宿卫空阙，兵甲寡弱，陛下何所资用，而一旦如此，无乃欲除疾而更深之邪！据不疑，宜见重详。」胡三省注：「重，再也。详，审也。」明胡应麟《少室山房笔丛·经籍会通二》：「详其义例，六经也；诸子、兵书、术数、方技四略，诸子也。」

并敌一向：合力向敌。

此谓巧能成事者也：汉简本作「此胃（谓）巧事」，武经本、樱田本「此」作「是」，且无「者也」二字。

译文

所以，不知道其它诸侯国的图谋，不要和他们结成联盟；不知道山林、险阻和沼泽的地形分布，不能行军；不借助向导的指引，不能得到地利。以上的这些情况，如果有一样不了解，都不能称为霸王的军队。所谓霸王的军队，进攻大国，能使敌国来不及动员民众和集中军队；兵威所指，能够使敌方无法展开成功的外交活动以求策应。因此，不必去争着同天下诸侯结交，也不用在其它诸侯国中培植自己的势力，只要使自己的战略意图展开，把兵威施加到敌国，就可以攻破敌国的城池，摧毁敌人的国都。施行不拘常法的奖赏，颁布随机而变的号令，驱使全军就如同使用一个人一样。要求部下去完成任务，不要说明任务的意图。只告知他危险有多严重，而不向他们讲明有什么利益。把士卒置于危险的境地，他们就会拼死奋战以转危为安；使士卒陷于绝境的处境，

他们就会全力投入以起死回生。军队深陷绝境，才能奋力去赢得胜利。所以，用兵作战这样的事情，就在于谨慎地观察敌人的战略意图，集中兵力攻击敌人的一个部位，千里奔袭也能斩杀敌将，这就是所谓通过巧妙用兵以取得行动的胜利。

评点 在这里，孙子除了重申了『知己知彼』、『置之死地而后生』等思想之外，还提出了『并敌一向，千里杀将』等思想，即集中优势，趁机而入，从而一举取得行动的成功。

公元618年，隋朝天下大势已去，李渊趁机称帝，而占据陇西的薛举也自称秦帝，定都天水（今属甘肃），拥兵30万，欲谋取长安，与李渊争夺天下。薛、李之间征战不停，薛举的儿子薛仁杲率大军包围了李渊据有的泾州（今甘肃泾川北），大败泾州守军，杀死了大将刘感。李渊闻报后，急派秦王李世民率军救援。

七月，薛举军进攻高墌（今陕西长武北），李世民率军迎战，因部将恃众不备，结果遭薛军偷袭，大败于浅水原（今长武西北），高墌失陷。这时，薛举病死，薛仁杲继位，进驻折墌城（今甘肃泾川东北）。李渊为消灭薛仁杲，再令李世民率军攻高墌。薛仁杲派大将宗罗睺率军10万应战。李世民接受上次失败的教训，宗罗睺多次挑战，只是决定坚守，挫其锐气。宗罗睺在营外百般辱骂，一些将领按捺不住，纷纷要求出战，李世民却道：『我军刚刚打了败仗，士气不振；贼军接连取胜，士气旺盛，在这种情况下出兵，必败无疑。所以，只有紧闭城门，以逸待劳。贼军如此狂妄之极，日子一久，必然由骄而生惰，而我军士气则可逐渐恢复，到那时再寻机决战，方可大获全胜。』

这样，两军相持了60多天，薛军粮尽，士气低落，主将见士卒们渐生怠惰，动辄鞭打、辱骂，将士多有怨恨，前线不少将士纷纷到唐营投降。这时，李世民开始在浅水原选择有利地形，准备与薛军展开决战。他命梁实扎营于原上，诱薛军出战。宗罗睺自恃勇猛，果然率精锐来攻。但梁实据险不出，这样又相持了数日。李世民见时机成熟，又命右武侯大将军庞玉

在无险可守的浅水原南边列阵。宗罗睺以为有机可乘，集中兵力进攻庞军，李世民亲率大军出其不意突击其背后，发起偷袭。宗罗睺回头迎战，遭唐军前后夹击，大败，被斩2000余人，逃奔折墌城。李世民率2000骑乘胜追击，占据泾水南岸，接着又包围了折墌城。十一月初八，薛仁杲见大势已去，被迫打开城门出降。

是故政举之日，夷关折符，无通其使；厉于廊庙之上，以诛其事。敌人开阖，必亟入之。先其所爱，微与之期。践墨随敌，以决战事。是故始如处女，敌人开户；后如脱兔，敌不及拒。

注释 政举之日，夷关折符，无通其使：汉简本『政举』作『正与』，樱田本『符』作『节』。曹操曰：『谋定，则闭关梁、绝其符信，勿使通使。』夷：指破坏建筑物。《国语·周语下》：『是以人夷其宗庙，而火焚其彝器。』《史记·项羽本纪》：『遂北烧夷齐城郭室屋。』符：古代凭证符券、符节、符传等信物的总称，这里指不同国家的使节通行用的符节。《管子·轻重乙》：『令富商蓄百符而一马，无有者取于公家。』郭沫若等集校引安井衡曰：『符，券也。贷财于人，符券及百者，使之献马一匹，无有马者，买之公家。』《战国策·秦策三》：『穰侯使者，操王之重，决裂诸侯，剖符于天下，征敌伐国，莫敢不听。』鲍彪注：『符，信也，谓军符。汉制，以竹，长六寸，分而相合……《汉文纪》云：「郡国守相为铜虎符、竹使符。」《索隐》云：「《汉旧仪》：铜虎符发兵，竹使符出入征发。」』《韩非子·守道》：『为符，非所以豫尾生也，所以使众人不相谩也。』《吕氏春秋·上德》：『阳城君令守于国，毁璜为符，约曰：「符合听之。」』《东观汉记·郭丹传》：『从宛人陈洮买符入函谷关。』

厉于廊庙之上，以诛其事：汉简本无『庙之』二字。厉：揣摩，钻研。杜牧注：『厉，揣厉也。』南朝梁任昉《为范尚

是故政举之日，夷关折符，无通其使，厉于廊庙之上，以诛其事。敌人开阖，必亟入之。先其所爱，微与之期。践墨随敌，以决战事。是故始如处女，敌人开户，后如脱兔，敌不及拒。

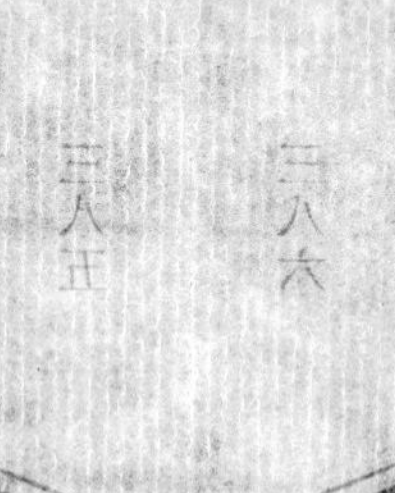

书让吏部封侯第一表》：『固尝钻厉求学，而一经不治。』一说通『励』，劝勉，这里可解为誓师之类的仪式。『厉』通『励』，如《左传·哀公十一年》：『宗子阳与闾丘明相厉也。』杜预注：『相劝厉。』《汉书·儒林传序》：『太常议，予博士弟子，崇乡里之化，以厉贤材焉。』宋曾巩《虞部郎中戚公墓志铭》：『其操义风概，有以厉天下。』故亦可通，存之。廊庙：殿下屋和太庙，指朝堂。《国语·越语下》：『谋之廊庙，失之中原，其可乎？王姑勿许也。』《后汉书·申屠刚传》：『廊庙之计，既不豫定，动军发众，又不深料。』李贤注：『廊，殿下屋也；庙，太庙也。国事必先谋于廊庙之所也。』宋叶适《资政殿学士参政枢密杨公墓志铭》：『夫同在廊庙，徒晚觉于十年之后。』明陈汝元《金莲记·构衅》：『既食朝廷之禄，敢忘廊庙之忧！』诛：治理，这里指研究决定。曹操注：『诛，治也。』《尉缭子·制谈》：『令百人一卒，千人一司马，万人一将，以少诛众，以弱诛强。』

敌人开阖，必亟入之：汉简本『阖』作『阓』。曹操曰：『敌有间隙，当急入之也。』阖：门扇。《管子·八观》：『闾闬不可以毋阖，宫垣关闭不可以不修。』尹知章注：『阖，扉也。』《新唐书·郭子仪传》：『子仪攻蒲（蒲津），复（赵复）等斩陴者，披阖内军。』开阖：打开门，喻出现虚隙，露出空子。亟：急，赶快。先其所爱，微与之期：樱田本『其』上有『夺』字。此句意思是，抢先夺取敌人所重视的地方，不要与他们约定发动军事行动的日期。微：无，不要。《论语·宪问》：『微管仲，吾其被发左衽矣。』《国语·周语中》：『微我，晋不战矣！』韦昭注：『微，无也。』《晋书·列女传论》：『一朝辞汉，曾微恋旧之情。』南朝梁萧统《〈文选〉序》：『增冰为积水所成，积水曾微增冰之凛。』宋岳珂《桯史·周益公降官》：『国皆曰杀，虽微可恕之情，耄不加刑，姑用惟轻之典。遂令衰朽，亦与生全。』

践墨随敌，以决战事：《御览》卷二七〇所引『随』作『循』。践墨：历代注家歧见颇多，『（一）多数注家解为践履「法度」、「规矩」，如张注：「循守法度，践履规矩，随敌变化，……以决战取胜。」（二）贾注「践」作「划」，云：「划，除也；墨，绳墨也。随敌计以决战事，唯胜是利，不可守以绳墨而为。」陈注下有云：「践墨一作划墨。」是孙子故书有作「划墨」者。洪颐煊谓「翦除战地」，意略同。（三）叶大庄谓「墨」乃「默」之讹，陆懋德则谓「墨」通「默」，「践墨」即践默，「践墨随敌」即默履敌后之意。』《〈孙子〉会笺》认为『上说皆可通，而以陆说为长』。但此说略显牵强，既然《孙子》故书『践墨一作划墨』，贾注当可取。此句意为，要避免墨守成规，应根据敌情变化决定作战方案。始如处女，敌人开户：开始的时候要像处女一样沉静，以使敌人放松警惕露出虚隙。开户，犹上文之『开阖』。后如脱兔，敌不及拒：一旦敌人『开户』，就要像逃脱的兔子一样迅速，使敌人来不及抵抗。

译文　因此，在决定战争计划的时候，要封锁边境的关口，取消通行的符节，停止诸侯国之间的使者往来。要在庙堂上反复研究，制定出战争的计划。一旦敌方出现空档，就要抓住时机，迅速攻入。抢先夺取敌人所重视的地方，不要与他们约定发动决战的日期。在军事行动中不要墨守成规，要根据敌情变化来决定自己的行动方案。因此，开始的时候要像处女那样沉静，以诱使敌人放松警惕露出虚隙；一旦敌人露出空档，进攻发动之后，就要像逃脱的兔子一样迅速，使敌人来不及抵抗。

评点　在这一篇中，孙子提出了许多新的战术思想和方法，在这里他所提出的『敌人开阖，必亟入之』、『先其所爱，微与之期』、『践墨随敌，以决战事』、『始如处女，后如脱兔』等思想，在战争中都具有重要的意义。

公元222年（三国魏国文帝黄初三年）九月，曹丕亲督三路大军对东吴发起进攻。统率中路军的大将军曹仁率数万大军于四年（223年）二月，挥师攻打东吴的濡须城（今安徽无为北），此前，曹军采取了声东击西的谋略，扬言攻打羡溪（今安徽裕溪口），引诱朱桓分兵救援，然后率步骑直扑濡须城。魏军已进至距濡须70里处时，朱桓急令派往羡溪的援兵返回，但

曹仁大军已兵临城下。朱桓身边只有5000人马，将士惊恐，人心惶惶。这时，朱桓迅速改变原作战计划，一面向将士分析自己的有利条件，以激励将士的必胜信心；一面下令部队偃旗息鼓，示弱于魏，诱曹军攻城。曹仁令其子曹泰率兵攻城。又派将军常雕、王双等乘油船以水军袭击作为吴军后方的眷属住地中洲（今湖北长江枝江沱水间），并自率万人为后援。蒋济以不可贸然涉险相劝阻，但曹仁不听。朱桓临敌不惧，以一部进击魏水军，亲自率主力抵御曹泰的攻城部队。吴军在顶住曹军进攻压力的同时，适时发起迅猛反击，焚毁曹营，曹泰战败而退。朱桓趁势反攻，集中主力攻击魏水军，斩常雕，俘王双。魏军士卒死伤千余人，对濡须城的进攻失败。

这一战中，朱桓充分发挥了『践墨随敌，以决战事』、『敌人开阖，必亟入之』、『始如处女，后如脱兔』等战术思想，从而以少胜多，打败了几十倍于己的曹军。

孙子的这些战术思想，在政治、经济和现实生活的其它领域也有重要的指导意义。秦始皇未亲政前，大权握在相国吕不韦和嫪毒手中。秦王嬴政执政后，在两年之中就解决了嫪毒和吕不韦，将政权集中在一人之手，充分展示了他的果断和谋略。

秦王嬴政即位的时候，年仅13岁，由太后代为掌管权力。太后勾结嫪毒，不但淫乱宫闱，而且左右朝政，严重危害着秦政权的巩固和发展，更不利嬴政统一天下大志的实现。公元前238年，政权转移到秦王手里，这就必然要爆发秦王与嫪毒集团的争权斗争。这年四月，当秦王要举行象征接受治理国家的大权的冠礼和带剑典礼之际，嫪毒盗用国王和太后的玺印征发县卒、卫卒、官骑等军队发动武装政变，向秦王居住的蕲年宫进攻。秦王派兵镇压，战于咸阳，嫪毒兵败。参加叛乱的二十人被杀，嫪毒被车裂，他的门客发配到蜀地四千多家。同时，把太后幽禁于咸阳宫，杀掉了她与嫪毒所生的两个儿子。接着，秦王又以嫪毒之事牵连到吕不韦为名，免去他的相国职务，遣出都城，到河南自己的封地居住。由于吕不韦为一代名相，各诸侯国都派使者看望他，秦王怕被他国所用，就又给吕不韦写了一封信，对他进行羞辱和斥责。吕不韦接信后，服毒自杀了。秦始皇初一执政，就显示出非凡的魄力，用最短的时间把对他施展抱负形成阻力的两大实力集团一一除掉，为日后的统一六国扫清了内部障碍。

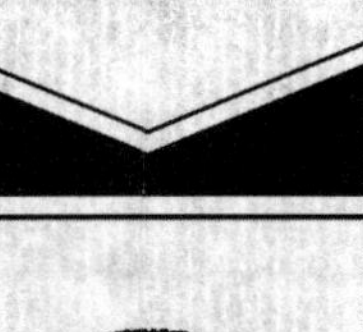